OLHARES DE CLAUDIA WONDER

★★

Dados Internacionais de Catalogação na Publicação (CIP)
(Câmara Brasileira do Livro, SP, Brasil)

Wonder, Claudia
  Olhares de Claudia Wonder: crônicas e outras histórias. São Paulo : GLS, 2008.

  ISBN 978-85-86755-47-7

  1. Crônicas brasileiras 2. G Magazine (Revista) 3. Jornalistas – Brasil 4. Wonder, Claudia I. Título.

08-05871   CDD-869.93

Índice para catálogo sistemático:
1. Crônicas jornalísticas: Literatura brasileira   869.93

Compre em lugar de fotocopiar.
Cada real que você dá por um livro recompensa seus autores
e os convida a produzir mais sobre o tema;
incentiva seus editores a encomendar, traduzir e publicar
outras obras sobre o assunto;
e paga aos livreiros por estocar e levar até você livros
para a sua informação e o seu entretenimento.
Cada real que você dá pela fotocópia não autorizada de um livro
financia um crime
e ajuda a matar a produção intelectual de seu país.

OLHARES DE CLAUDIA WONDER
★ *crônicas e outras histórias*

★★

Claudia Wonder

OLHARES DE CLAUDIA WONDER
Crônicas e outras histórias
Copyright © 2008 by Claudia Wonder
Direitos desta edição reservados por Summus Editorial

Editora executiva: **Soraia Bini Cury**
Assistentes editoriais: **Bibiana Leme e Martha Lopes**
Capa, projeto gráfico e diagramação: **Gabrielly Silva**

Edições GLS
Departamento editorial:
Rua Itapicuru, 613 – 7º andar
05006-000 – São Paulo – SP
Fone: (11) 3862-3530
http://www.edgls.com.br
e-mail: gls@edgls.com.br

Atendimento ao consumidor:
Summus Editorial
Fone: (11) 3865-9890

Vendas por atacado:
Fone: (11) 3873-8638
Fax: (11) 3873-7085
e-mail: vendas@summus.com.br

Impresso no Brasil

Sumário

Wonder se escreve com dois vês · 7
Ana B. Fadigas
Três vezes Claudia · 9
Jayme Camargo
Um desafio e uma grande conquista · 11

★ **TRABALHO E PROFISSÃO** ───────────────── **15**
Fabiana Brazil com z · 17
A inteligência da mona · 19
O preço da dignidade · 21
Trans no armário · 23
Trans derrubam preconceito no trabalho · 26

★ **ENTREVISTAS** ──────────────────────── **31**
Nada foi em vão · 33
"Você pode ser o que quiser, na hora que quiser" · 40
"Dentro de mim mora uma mulher" · 45
O mito volta à cena · 50
"Me realizo vivendo papéis femininos" · 59
Dona Roma · 64

★ **IDENTIDADE DE GÊNERO** ─────────────── **69**
Guerrilha Travolaka · 71
Do *Homo sapiens* ao homem trans · 74
Símbolos e imposições · 76
Em busca de formas mais harmoniosas · 77
Histórias e agruras de uma criança trans · 80
T-lovers, homens que amam trans · 83

★ **OUTRAS HISTÓRIAS** ──────────────────── **89**
O cavaleiro e a trans · 91
A falsa alegria do carnaval · 93

O primeiro baile de travestis do Brasil · 95
Transexualidade e o III Reich · 97
O valor da amizade · 99
Samba, alegria e preconceito · 101
Natal trans · 103
Homenagem a Caio Fernando Abreu I e II · 104
São Paulo, meu amor! · 110

★ PERFIS — 113

Coccinelle · 115
O exemplo de Charlotte · 117
Homenagem a Thelma Lipp · 119
Adeus a minha "maninha" Nana Voguel · 124
Margot Minelli · 126
Gay dos pampas · 129
É uma trava portuguesa, com certeza... · 131
Muito prazer: Divina Valéria · 132
Geanne Greggio: as coisas podem ser diferentes · 135

★ PRECONCEITO — 139

Direito à diferença (manifesto) · 141
Véia é a vó · 143
Travestis *versus* transexuais · 144
Diferente, eu? · 145
Mensagens subliminares do preconceito · 147
Orkuteiros · 149
O estigma da chacota · 150
Todo mundo acha que eu sou puta! · 151
Até quando? · 153
Uma visão do travestismo na cultura GLBT · 157
Mais amor e menos homofobia internalizada · 160
A antropofagia das tribos · 163

★ RELIGIÃO — 165

Nós e a Bíblia · 167
Cruzes! · 171
Transexuais do Islã · 173
Causa e efeito · 175
Entre Deus e o diabo, um bisturi · 177
Eunucos de ontem e de hoje · 180

Wonder se escreve com dois vês

Revejo os textos de Claudia, a abertura de Jayme, seu editor na *G Magazine*, e o que me ocorre é um "V" de verdade maiúsculo. A difícil tarefa que alguns humanos têm a cumprir neste plano em que estamos revela-se inteira aqui neste livro.

Sim, Claudia Wonder veio total! E, entre as intempéries deste mundo sem dó em que vivemos, ela cumpriu, cumpre e cumprirá, cada dia mais, a tarefa de nos humanizar com sua presença. Ela é "uma" ou um ser como poucos de nós somos ou podemos ser. Sua trajetória na *G Magazine* nos brinda, leitores, com esta história, e vai nos mostrando a realidade de um ser incomum.

Mais do que tratar a questão do travesti no Brasil, do momento que vivemos e dos dez anos de *G Magazine*, ela, a Wonder, foi causando impacto com sua coragem e com sua clareza. De minha parte, fico muito feliz e orgulhosa de participar deste momento. Da *G* para o livro de Claudia, volto nesta tarefa de escrever junto com Jayme Pai (de meus filhos) este espaço de prefácio, tornando a ler seus textos e pensando em nosso convívio neste tempo atemporal. Sei e reafirmo que será um prazer inigualável estar com as palavras dela nas páginas deste livro.

Particularmente, tenho Claudia Wonder como uma das mulheres mais profundas e verdadeiras que eu conheço. Não, não a vejo como travesti, não tenho essa dimensão em meu sentir – nem sei se isso é bom ou ruim. É tão-só o meu modo de ver e ler Claudia: como um ser humano machucado na sua liberdade de existir, mas bem ciente de sua posição neste mundo. É possível encontrar em Claudia muitas das chagas femininas ainda abertas; talvez possamos lidar juntas, a dor é a mesma. Mas o seu poder de fogo é especial; nela e com ela é possível vivenciar a maior dimensão do ser humano: sermos unos e verdadeiros uma a um... Era essa a vontade dos deuses quando nos criaram.

Então, senhores e senhoras, leiam Claudia se entregando a cada texto. Leiam Claudia entendendo a sua verdade e deixando que ela entre em cada um de vocês. E eu a repito, até porque em mim há muito de sua vida. E por isso eu sou melhor como ser humano.

Sim, La Wonder, esperamos que, além destes textos, muitos outros ainda apareçam contando a sua história.

Fiquem com ela.

Ana B. Fadigas
Publisher

Três vezes Claudia

Claudia Wonder está publicando uma seleção de mais de cinqüenta textos, escritos para a *G Magazine*. Reli todos antes de escrever este prefácio.

De alguns deles lembrava-me perfeitamente bem, apesar de tê-los lido pela primeira vez há mais de cinco anos. Nesse tempo, eu era editor-chefe da *G*. Claudia, recém-chegada da Europa, veio me ver, por recomendação de Ana Fadigas, para avaliarmos se ela poderia escrever uma coluna para a revista.

Depois de algumas conversas, cheguei a três conclusões.

Em primeiro lugar, genericamente, achei que a participação de uma trans numa revista para o público *gay* enriqueceria o conteúdo editorial, pois todos sabemos que se trata de universos tangentes, mas diferentes.

Em segundo, ficou claro que a inteligência e a sensibilidade de Claudia Wonder garantiriam uma abordagem original de temas normalmente carregados de estereótipos e piadas do gueto.

Por último, pessoalmente, pude perceber que as qualidades de Claudia, aliadas ao seu temperamento emocional, transformariam a edição de cada texto num vendaval de paixões...

Acredito que acertei em cheio nas minhas três previsões. A *G Magazine* inovou, ganhou qualidade, e eu ganhei a tarefa mensal de ajudar Claudia a escolher a melhor estrutura narrativa e as melhores palavras para comunicar suas idéias no papel... entre muitas lágrimas e ranger de dentes.

Acredito que a determinação com que Claudia se dedicou à nova tarefa de escrever regularmente foi essencial para a criação de um estilo próprio, claro, envolvente e opinativo, mas sempre respeitoso para com o leitor.

Relendo suas colunas, confesso que sinto orgulho por ter estado com Claudia Wonder na descoberta dessa sua vocação de escritora, e fico muito honrado em poder recomendar esta coletânea de artigos a novos leitores. Eu os publicaria de novo.

Jayme Camargo
Redator e historiador

Um desafio e uma grande conquista

Lembro-me de que eu ainda morava na Suíça e, de férias no Brasil, conheci Ana Fadigas, dona da *G Magazine*, numa festa na casa de um amigo comum, o publicitário Ronald Assumpção. Estávamos num bate-papo animado quando falei da importância de uma coluna na revista *G* que abordasse o universo trans. O intuito seria desmistificar o estereótipo e dar voz a um segmento tão estigmatizado em nossa sociedade, como é o segmento das pessoas trans. Um "empurrãozinho" da irmã de Ana, Lavínia Fadigas, que já conhecia o meu trabalho, fez que um mês depois eu já estivesse escrevendo uma coluna para a revista, diretamente da Suíça.

De lá pra cá já se passaram cinco anos, e agora tenho a felicidade de poder reunir uma parte desse trabalho neste livro. São crônicas, matérias, entrevistas, entre outros textos, que falam de um universo pouco conhecido, composto de travestis, transexuais, transgêneros e intersexos. Pessoas que têm identidades de gênero e/ou órgãos genitais e cromossomos divergentes da maioria heterossexual.

A questão do gênero é fundamental em nossa vida, basta lembrar que a primeira pergunta que todo mundo faz sobre nós é: "É um menino ou uma menina?"

Os meninos nascem para se tornar homens, e as meninas, para se tornar mulheres. Porém, nem sempre há concordância entre o sexo biológico e a identificação da pessoa com o sexo em questão. Quando isso acontece, essa pessoa se torna alvo de todo tipo de especulação, discriminação e preconceito que a diferença sexual possa causar em uma sociedade heterossexista como a nossa.

O trabalho contido aqui é uma tentativa de elucidar as pessoas de um modo geral em relação a essa realidade, e também, com isso, repelir o preconceito que todo desconhecimento pode causar. Mas devo lembrar que ainda não existe uma "verdade" sobre esse tema, pois, como o leitor mesmo poderá perceber, a cada momento surgem novos dados, novas realidades e possibilidades de compreensão das questões sexuais e de gênero. Trata-se de tema ainda carregado de muito tabu, em relação ao qual "autoridades" médicas, religiosas e políticas ainda discordam e, pior ainda, se mobilizam para continuar nos relegando, com todos os meios e mecanismos, à invisibilidade e à marginalidade.

Como o leitor mesmo constatará nas crônicas, entrevistas e histórias de vida aqui publicadas, não somos apenas homens e mulheres no mundo; a realidade sexual humana envolve um espectro imenso de possibilidades, o que, com toda certeza, ainda nos deixa muito a descobrir, aprender e respeitar.

A todos aqueles que direta ou indiretamente me ajudaram na realização deste livro quero deixar aqui meu mais profundo agradecimento.

À Ana Fadigas, pela iniciativa de transgredir o vício dos parafusos e lançar a *G Magazine*, primeira revista *gay* de alcance nacional, e, sendo mulher, vencer em um mercado machista como é o nosso. Maravilhosa!

Ao Jayme Camargo, pai, editor-chefe da revista, professor que tanto me ensinou sobre jornalismo e comunicação. Mesmo que às vezes esse aprendizado tenha ocorrido "entre muitas lágrimas e ranger de dentes", como ele mesmo diz em seu prefácio, eu só tenho a agradecer, e garanto que valeu a pena todo o esforço, pois a prova disso tudo está aqui!

Agradeço ao Gilson Ferraz e ao Nelson Barbosa o convite para publicar este livro, além da ajuda que me deram em tudo, desde a escolha dos textos e das fotos até a capa e a diagramação. Tudo feito com as minúcias que só o carinho e a dedicação verdadeiros podem realizar. Meu muito obrigada, meus amores, do fundo do meu coração!

Espero que essa iniciativa das Edições GLS, do Grupo Summus, ao qual também agradeço, seja um passo a mais em direção à dignidade e à cidadania plena para todas as pessoas trans e intersexos que também esperam respeito e o direito conquistado de assim serem.

Um grande e carinhoso beijo a tod@s!

Claudia Wonder

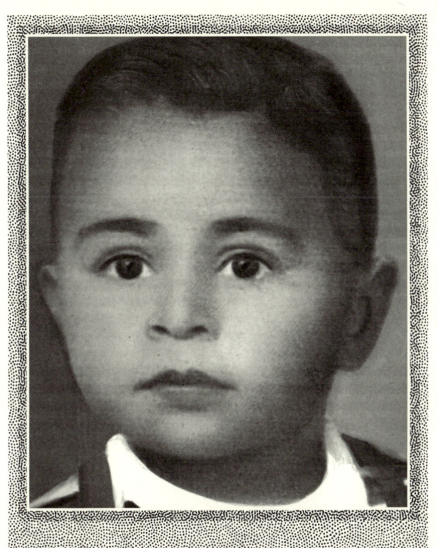

Trabalho e profissão

Fabiana Brazil com Z

★

Quando criança, a transex carioca Fabiana Brazil foi coroinha de igreja. Mas não por gostar do catecismo. É que, segundo ela, foi sua primeira oportunidade de usar um vestido e cantar em público. Garoto esperto! Na adolescência, foi estudar no teatro Leopoldo Fróes, onde se formou em Artes Cênicas. Em seguida, estudou balé clássico e ingressou no corpo de baile do Theatro Municipal do Rio de Janeiro. Com talento para dança, ganhou uma bolsa para estudar *jazz* em Nova York, com ninguém menos que Jo Jo Smith, o mesmo que ensinou John Travolta a dançar. De volta ao Brasil, foi contratada pela Rede Globo, e só saiu de lá para ser coreógrafa do programa da Xuxa, que na época era na extinta TV Manchete. Todas essas coisas ela fez quando ainda era chamada de Amaro Fabiano, seu nome de batismo. Só assumiu sua identidade feminina há pouco tempo, porque hoje as coisas estão mais fáceis nesse aspecto. É verdade.

Atualmente, Fabi é apresentadora do programa *Fabiana Brazil by night*, na TV Cidade, que vai ao ar todas as sextas-feiras à meia-noite no canal 36 da TV a cabo Net. No programa, faz entrevistas e cobre eventos. Formada em Turismo, também trabalha na Niterói Empresa de Lazer e Turismo (Neltur), empresa da prefeitura de Niterói. Incansável, Fabiana ainda faz apresentações artísticas em hotéis e boates, é madrinha do bloco carnavalesco "Piranhas de Niterói" e organiza o baile GLS da cidade.

No futuro pretende ir morar no Japão, e nos explica o porquê: "Lá eles adoram louras de cabelos cacheados". Pode?

A inteligência da mona

★

Um estudo do professor Claudio Pedrosa (mestre em Psicologia Social pela PUC-SP) mostrou que transgêneros têm um QI acima da média. É possível.
Lynn Conway é cientista da computação. Nos anos 1960, na IBM, viabilizou o primeiro computador em alta escala, criando um sistema. Causou impacto no planeta com suas descobertas nos Estados Unidos. Milhares de pessoas no mundo inteiro aprendem sobre *microchips* em *Introdução aos sistemas VLSI*, que escreveu com o professor Carver Mead. Sua história seria menos singular se ela não fosse transexual.
Nasceu homem, mas sempre teve certeza de ser mulher. Procurou então a cirurgia, e por esse motivo foi despedida da IBM, em 1968. Sem apoio da família ou dos amigos, que a abandonaram, Lynn seguiu o seu intento. Fez a operação, mudou os documentos e teve de recomeçar a vida como simples programadora. Porém, como a operação não alterou seu talento, caminhou em direção ao sucesso. Tornou-se cientista de alto escalão da Xerox. Sempre carregou o seu segredo. Mas, em 1999, historiadores da informática a relacionaram com seu trabalho iniciado na IBM e Lynn foi "descoberta". Dessa vez os tempos eram outros e, para alívio de Lynn, não houve represálias.
Hoje com reconhecimento internacional, leciona Engenharia Eletrônica e Ciência da Computação na Universidade de Michigan e criou uma ONG em prol de jovens transexuais. Conheça sua história e a de muitas outras trans de sucesso no *site* www.lynnconway.com.
Outro indicativo de que as filhas de Hermes e Afrodite têm esperteza é o sucesso de outra trans americana, a professora Deirdre McCloskey, que leciona Economia nas universidades de Illinois, nos Estados Unidos, e de Erasmus, em Roterdã, na Holanda. Em 1983, quando ainda era o professor Donald McCloskey, Deirdre revolucionou o meio capitalista com o artigo "A retórica da economia".

Agora Deirdre está lançando uma biografia na qual conta sua história e todo o processo de sua transformação. O que não deve ter sido muito fácil, visto que Deirdre, como homem, foi casado durante 31 anos e só tomou essa decisão em 1995, para espanto de sua mulher, de seus filhos e de seus amigos. Foi só na maturidade que conseguiu demonstrar sua paixão pelas bijuterias, particularmente colares. Deirdre continua lecionando normalmente graças à sua inteligência e ao seu carisma com os alunos, que a qualificam como uma candidata natural ao Prêmio Nobel de Economia. Tá, meu bem? Isso lembra um velho ditado trans que diz: "Bicha burra nasce homem!"

Trabalho e profissão

O preço da dignidade

★

A difícil equação entre sermos nós mesmos e o que o mundo espera que sejamos

Ari Teperman enviou-me o texto "Ser diferente", de autoria de Roberto Shinyashiki, que em sua abertura diz: "Talvez o maior desafio da vida moderna seja sermos nós mesmos em um mundo que insiste em modelar nosso jeito de ser. Querem que deixemos de ser como somos e passemos a ser o que os outros esperam que sejamos".

O saudoso escritor Caio Fernando Abreu, após presenciar uma cena de preconceito contra mim, escreveu a crônica "Meu amigo Claudia". Em um trecho, ele diz:

> [...] *dignidade acontece quando se é inteiro. Mas o que quer dizer ser "inteiro"? Talvez, quando se faz exatamente o que se quer fazer, do jeito que se quer fazer, da melhor maneira possível. A opinião alheia, então, torna-se detalhe desimportante. O que pode resultar – e geralmente resulta mesmo – numa enorme solidão. Dignidade é quando a solidão de ter escolhido ser, tão exatamente quanto possível, aquilo que se é dói muito menos do que ter escolhido a falsa não-solidão de ser o que não se é, apenas para não sofrer a rejeição tristíssima dos outros.*

Apesar de toda adversidade, o que senti quando me assumi por completo foi, e ainda continua sendo, um enorme prazer. Claro que, como tudo na vida, isso tem um preço. Seja lá o que for, sempre há um preço a pagar por aquilo que se quer. Recebi certa vez na *G Magazine* o *e-mail* de Lizandra Costa, uma transexual de São Paulo, relatando a seguinte história:

> *Me inscrevi numa agência de empregos pela* internet. *Formada em Processamento de Dados e com três anos de jornalismo, fui bem recebida e não tive problemas para que meu currículo fosse aceito. Na mesma semana me ligaram porque uma empresa estava necessitando com urgência de uma profissional com meu perfil e experiência. A encarregada disse que a vaga era*

minha. Mas quando eu contei que era transexual, a encarregada mudou o tom e disse que talvez a empresa não me quisesse porque eu estava há mais de um ano sem registro na carteira. Apesar de ter registro na carteira com mais de quatro anos e ter uma carta de apresentação propícia para o cargo, a atendente disse que a empresa não ia me aceitar e que não poderia mais falar comigo porque a ligação do celular era muito cara. E desligou!

A história de Lizandra, assim como a minha e de tantas outras pessoas que ousaram ser o que se é, confirma o que Caio Fernando diz em outro trecho de sua crônica: "[Quando você] conquista o direito interno/subjetivo de fazer isso e também aquilo [...] perde o direito externo/objetivo de fazer nem isso nem aquilo".

Esse é o preço que as pessoas que não conseguem se curvar aos ditames da sociedade pagam pela sua liberdade interior. Mas qual o preço de ser bem-adaptado? Roberto Shinyashiki responde com maestria em outra passagem de seu texto:

> O número de depressivos, alcoólatras e suicidas aumenta assustadoramente. Doenças de fundo psicológico, como síndrome do pânico e síndrome do lazer, não param de surgir. Dizer-se estressado virou lugar-comum nas conversas entre amigos e familiares. Esse é o preço. Mas pior do que isso é a terrível sensação de inadequação que parece atingir a maioria das pessoas. Aquele sentimento cristalino de não estar vivendo de acordo com a nossa vocação.

Perguntei a Lizandra se ela trocaria sua liberdade interior pelo emprego na tal empresa. A resposta foi enfática: "Não troco por nada nesse mundo!" Eu também não trocaria. Não há preço que pague o conforto espiritual de ser o que se é!

Trans no armário

★

Bem-sucedidas, elas ficam atrás da máscara, disfarçadas de mulheres

Pode parecer estranho, mas o "armário" também abriga o segmento mais visível dos GLBT: as travestis e as transexuais! Um dos assuntos mais discutidos pelos grupos organizados na tentativa de diminuir o preconceito contra esse segmento é a prostituição.

Sabemos que muitas trans recorrem a essa prática porque a sociedade não aceita a androginia e as dificuldades na hora de arrumar um emprego são muitas. Mas também sabemos que, sem referências para formar seu próprio ideal profissional e sem perspectivas no mercado de trabalho, é difícil para uma jovem trans deixar de acreditar que seu destino está fadado às calçadas da vida.

Eu sempre quis ser artista, e a Rogéria me serviu de referência desde a infância. Um dia vi a foto dela na revista *O Cruzeiro*, vestida de homem e maquiadíssima. Ela segurava uma peruca na mão. Aquilo para mim foi a grande revelação. Lembro-me de que naquele momento pensei: "Quero ser igual a ela!"

A primeira trans que conheci pessoalmente foi Viviane. Ela fazia ponto perto de casa, na avenida do Cursino, no Jardim da Saúde, aqui em São Paulo. Fizemos amizade e com ela pude experimentar o prazer de vestir uma saia e sair por aí. Viviane era enfermeiro, mas depois de se tornar travesti perdeu o emprego e foi obrigada a se prostituir. Ela dizia que se eu me transformasse teria o mesmo destino, porque ninguém daria emprego a uma trans.

Os anos passaram e, apesar das dificuldades e do que disse Viviane, nunca desisti do meu ideal, e hoje tenho uma carreira artística consolidada, vivo do meu trabalho e do que gosto de fazer. Eu me sinto querida e respeitada.

No meu caso existia uma referência de sucesso, que era a Rogéria, e uma perspectiva no mercado de trabalho, o *show business*. Mas nem todas as trans querem estar no palco, e precisam de outras referências e outros ideais.

Infelizmente, as trans bem-sucedidas em outras áreas não se mostram, ficam no armário escondidas atrás de uma identidade feminina, "disfarçadas" de mulheres.

Não vemos na mídia nem no universo GLBT as engenheiras, as professoras universitárias, as médicas e todas aquelas profissionais que poderiam servir como uma referência fora dos chavões, como cabeleireiras, costureiras, artistas, putas; enfim, fora dos padrões em que estamos acostumados a ver as trans atuando.

E, podem acreditar, muitas vezes elas atuam onde menos imaginamos!

Quando morei na Suíça, eu era sempre convidada a participar dos encontros e do núcleo transexual da Associação 360 graus, que é o maior grupo GLBT da Suíça francesa, e fica em Genebra. Lá pude conhecer trans de várias nacionalidades e com aspirações diferentes, como Ane, uma italiana, formada em Engenharia Nuclear, com especialização em Construção.

Ceyhan, minha amiga turca, era jornalista em Istambul, até que um partido islâmico quebrou todo o seu jornal e a ameaçou de morte. Hoje ela está asilada na Suíça, é artista plástica e tem um trabalho maravilhoso chamado "Minha alma nunca", que foi apresentado em várias capitais do mundo, inclusive na Bienal de São Paulo, em 2002, em conjunto com o cineasta Kutlug Ataman, seu compatriota.

Pascale, uma travesti suíça que é "demolidora" – tradução ao pé da letra para a profissão de quem desmancha automóveis. Ela é mecânica e tem um desmanche!

Iyabo Abade, transexual africana, é jogadora de futebol feminino na Nigéria. Iyabo foi a maior artilheira do campeonato nacional feminino nigeriano de 1999, com trinta gols marcados. Foi convocada para jogar na seleção nacional do seu país, mas foi afastada. Por causa de rumores sobre sua identidade sexual, foi submetida a exames médicos e não passou no teste de feminilidade. A Federação Nigeriana de Futebol (NFA) pagou sua operação para mudança de sexo e ela voltou ao trabalho, mas não como jogadora e sim como treinadora da seleção feminina do seu país.

Pois é, como podemos ver, quando se trata de vocação profissional, o universo trans também é bem diversificado.

Com a experiência, também pude perceber que muitas das trans inseridas no mercado de trabalho se transformaram depois de estabelecidas. Conseguiram o trabalho como "hominho" e, à medida que conquistavam a confiança dos patrões, iam incorporando os signos da feminilidade. Mas apresentar-se num departamento pessoal com roupas femininas e documento masculino é certeza de porta na cara!

O Brasil precisa de leis que garantam a cidadania das pessoas trans, assim como o governo dos Estados Unidos, que multa em 150 mil dólares qualquer empresa que recuse emprego a uma pessoa por discriminação à sua identidade de gênero.

Muito mais que leis, porém, o que precisamos aqui no Brasil é que as trans bem-sucedidas saiam do armário e mostrem que são profissionais respeitadas. Justamente o que elas não querem fazer!

Em contato com algumas delas por *e-mail*, quando fiz uma reportagem a respeito descobri que elas não querem aparecer porque não desejam ser identificadas como trans, e se negam a pertencer ao "mundo *gay*".

Esse medo é tão intenso que existem trans que não fazem sexo há mais de dez anos porque têm receio de ser descobertas e perder a paz no meio onde vivem. Será que existe paz na mentira? E seria esse armário tão necessário? São as perguntas que eu deixo no ar.

Eu moro nos Jardins, em meio a uma vizinhança paulistana bem conservadora, mas garanto que o nosso relacionamento é dos melhores. Acredito que minha busca de dignidade faz que todos me vejam com respeito. E sem precisar estar no armário ou dizer qualquer palavra, sou tratada como eu gosto. Dona Claudia. E ponto!

TRANS DERRUBAM PRECONCEITO NO TRABALHO

Acreditar que transgêneros só trabalham como cabeleireiras, artistas ou prostitutas é um estereótipo, ou seja, uma idéia preconcebida. Entretanto, nem sempre isso acontece, pois, com muita luta, essas pessoas também se destacam em outras profissões.

Em todas as grandes cidades do Brasil e do mundo existem transgêneros. São pessoas que mudaram a aparência do corpo, do masculino para o feminino, ou o contrário. A definição de transgênero também engloba os transexuais, que não só mudaram o gênero físico, ou seja, a aparência corporal, como também mudaram o sexo, por meio de operação médica.

Esses dois exemplos continuam, erroneamente, sendo chamados pela grande maioria da sociedade de travestis. Errado porque, com o avanço da ciência na hormonioterapia e siliconização, essas pessoas deixaram de simplesmente travestir-se com roupas do sexo oposto. Elas tomaram a forma física e passaram a viver como o outro sexo.

Com a transformação, a pessoa "transgênero" conquista sua liberdade interior, mas ao mesmo tempo perde sua liberdade exterior. Uma das situações em que essa perda é sentida mais nitidamente é na hora de escolher uma profissão.

Geralmente, as trans são conhecidas por trabalhar como costureiras, cabeleireiras, dubladoras ou prostitutas. Mas, isso é só um estereótipo que se criou por não se ter idéia da verdadeira realidade, pois no Brasil e no mundo existem muitas trans que escolheram profissões que fogem do padrão imaginado pelo coletivo.

As histórias de vida e experiências profissionais de cada uma delas têm diferenças, mas também pontos em comum. Seriam histórias como quaisquer outras não fosse a constante luta de cada uma delas contra o preconceito e a discriminação. Apesar dessas dificuldades, todas conquistaram papéis de destaque no ramo que escolheram.

Fórmulas para o sucesso? Pode ser que existam, mas tudo também depende de uma enorme vontade própria, vontade de ser vitoriosa e de ser feliz. Fé em si mesma!

★ A justiça não é cega

A oficial de promotoria de São Paulo Fernanda Mariana sempre foi muito estudiosa. Depois de formada, prestou concurso e ingressou no Ministério Público, onde está há dezoito anos. "Foi no trabalho que me transformei. No começo eu me vestia de homenzinho, mas um dia participei do concurso Bonequinha do Café e apliquei um *megahair*; como a cola usada era muito resistente, eu não consegui retirar as madeixas", conta. Sem alternativa, Fernanda colocou um boné com o cabelo dentro e foi para a Promotoria. Como ninguém falou nada, no dia seguinte foi trabalhar de rabo-de-cavalo, e também não houve reação alguma. "Então, eu nunca mais tirei os cabelos", lembra, aos risos. "As roupas femininas eu fui incorporando aos poucos."

Preconceito ela sofreu apenas por parte das mulheres, que não queriam que ela usasse o banheiro feminino. "Até hoje eu sou obrigada a usar o banheiro dos homens, mas eu não ligo." Fernanda tira o preconceito de letra e manda sua mensagem para as trans que estão se descobrindo. "Oportunidades existem para todos, basta você acreditar no seu ideal e seguir em frente que você consegue!"

★ Uma voz de respeito

Desirée é outra funcionária pública, que, paralelamente, nunca deixou de se exercitar como cantora. Sempre carismática, aos 16 anos prestou concurso na Prefeitura de São Paulo e foi contratada. "Quando eu tomei posse no serviço, foi um alvoroço, todo mundo queria ver o menino que se vestia de mulher. Mas, como era boa funcionária e também escrevia a coluna social do jornal da prefeitura, tinha a simpatia de todos", lembra.

Preconceito sofri foi como cantora. Sempre cantei nas boates mais seletas de São Paulo. Quando fui contratada pela casa de shows L'Onorabile Società, um famoso colunista escreveu no Caderno 2 do Estadão que, se eu me apresentasse lá, a boate ficaria cheia de homossexuais. Mandei uma carta para o jornal respondendo que, se a boate virasse gay, seria ideal para ele freqüentar, já que ele também era gay. Sofri muito com isso.

Hoje, Desirée está aposentada da prefeitura, mas continua na ativa como cantora. Apresenta-se em clubes fechadíssimos para endinheirados e em festas para a terceira idade. Está casada há quinze anos e é dona de uma estabilidade e conforto emocionais contagiantes. Seu segredo? "Estou sempre torcendo para que os outros sejam felizes, felicidade não é coisa individual, é importante saber aceitar a felicidade alheia."

★ **Campo da estética**

Lallá se recorda com carinho da infância no interior de São Paulo. Aos 10 anos começou a trabalhar no campo com seu pai. Trabalho duro, de que se orgulha muito. "Aprendi a lidar tanto com a horta do quintal como com a lavoura mais pesada." Paralelamente ao trabalho na lavoura, Lallá estudou e fez o ensino médio. Com 18 anos, mudou-se para São Paulo para trabalhar num banco. Nesse emprego, pela primeira vez ficou de frente com o preconceito. "Eu não conseguia disfarçar minha natureza feminina. Um dia o diretor me perguntou se eu era 'veado', eu disse que sim, então ele achou melhor me transferir de agência. Só que isso não mudou meu jeito de ser, e eu acabei sendo demitida."

Graças à sua simpatia, uma cliente do banco sensibilizou-se com a situação de Lallá e lhe ofereceu um trabalho. Nesse período, fez um curso de estética. Foi aí que encontrou o caminho que a levaria ao sucesso, não só profissional, como também emocional. Hoje, Lallá é um dos maiores nomes da assistência à medicina estética no Brasil, e também uma pioneira na técnica de depilação definitiva. Seu trabalho é indicado por dezenas de médicos, entre endocrinologistas e ginecologistas, e centenas de pessoas – muitas delas famosíssimas – já estiveram sob os seus cuidados.

"Estou completando 25 anos de trabalho e se, por acaso, a bomba da intolerância estoura, eu saio juntando os caquinhos, vou reconstruindo e sigo em frente", ensina.

★ A arte de viver

A artista plástica Alico, já aos 3 anos de idade, sabia por que queria se vestir de menina. Mas nunca foi recriminada pelos pais por causa disso. Seu problema foi a crise de identidade. "Não me identificava com meus irmãos nem com minhas primas. Então passei a sofrer de insônia. Meus pais me levaram a psiquiatras, não por causa da minha sexualidade, mas por ser uma criança muito ativa."

Alico começou a pintar com 14 anos, pois era a única coisa que sossegava a adolescente. "A pintura foi e continua sendo uma terapia para mim", confessa. Dedicou-se às artes e fez cursos na Chaumière de Montparnasse e no Museu do Louvre, em Paris. "Pinto há mais de trinta anos e digo que é interiormente que eu preciso mais dela."

Alico pinta e mora em uma bela chácara à beira da represa Billings, em São Paulo, e trabalha com dois amigos decoradores, um em Paris e o outro em Montreal. Eles expõem e vendem os valiosos trabalhos dela no exterior.

★ Bê-á-bá refinado

Dignidade é a palavra que, com certeza, conta no dicionário da professora Gabriela Garcia. Ela é a caçula de quatro irmãs. Apesar de, na adolescência, ter decepcionado sua mãe no que diz respeito ao sonho idealizado para seu filho homem, o tempo mostrou o contrário e transformou a decepção em satisfação. "Hoje, minha mãe se orgulha de mim, e para ela não tenho mais o defeito que pensava que eu tinha."

A lutadora Gabriela começou a trabalhar aos 14 anos na área administrativa de uma empresa. Já naquela época, usava o banheiro feminino, espaço conquistado aos poucos, assim como sua transformação.

Da faculdade, lembra que "no primeiro dia foi uma polêmica, todo mundo queria saber quem era o travesti da turma". Hoje, além de lecionar em duas escolas para turmas que vão da quinta série ao terceiro ano do ensino médio, Gabriela dá aula no supletivo para os pais de seus alunos. Conquistou o respeito e a admiração de todos, pais e filhos.

★ Receita caseira

A história de vida dessas felizes trabalhadoras transgêneros é marcada por muita perseverança na busca de seus ideais, o que fez delas vencedoras em profissões em que poucos imaginariam que elas pudessem se destacar. Outro detalhe foi o apoio incondicional da família. Mas isso não é tudo. A vontade de vencer na vida também é um fator essencial. Como ensina a professora Gabriela: "Tudo que quisermos podemos, a partir do momento em que acreditarmos em nós mesmas". Uma lição que serve para todos e todas, sem distinção de gênero.

Entrevistas

NADA FOI EM VÃO

★

Num encontro de divas, Claudia Wonder entrevista um dos maiores ícones gays do Brasil

Chovia naquela segunda-feira de maio. No desembarque no aeroporto de Congonhas, em São Paulo, a maior confusão. O saguão estava cheio de jornalistas e curiosos, a maioria homens, aguardando a chegada de um time de futebol. Eu também estava ali, aguardando ansiosamente não as estrelas do futebol, ícones dos machos, mas sim uma estrela de outra galáxia, uma pioneira e o maior ícone *gay* do Brasil: a querida Rogéria.

Nosso esperado encontro não podia se dar de outra maneira senão na inusitada aventura, como ela mesma reconheceu.

Tomamos um táxi no aeroporto em direção aos Jardins, mas uma hora depois nos descobrimos, atônitas, em pleno bairro da Casa Verde! Entretidas com a conversa, mal prestamos atenção no motorista, um jovem que entendeu errado o endereço que eu dei! No final, depois de muitas gargalhadas, chegamos sãs e salvas. O rapaz, nervoso, depois de quase comer os dedos das mãos, nem cobrou a corrida, ufa!

Foram quase dois dias juntas. Dois dias em que pude conviver com a Rogéria que poucos conhecem, um ser humano rico, ousado e afetuoso, inquieto e desbravador. Conversamos sobre as muitas histórias de uma vida nada banal. Ao completar 60 anos, Rogéria está mais consciente do que nunca e nos mostra que nada foi em vão.

Como foi sua infância?

Minha infância teve de tudo: eu não nasci, eu "estreei", e apesar de sempre ter sido uma "mariquinha" nunca tive problemas com isso, pois tive uma mãe maravilhosa que sempre me defendeu. Eu era "encrenqueira", gostava de jogar futebol, de bola de gude e de teatro, mas quando as meninas queriam brincar de casinha eu fugia, e também nunca gostei de bonecas, tinha horror de bonecas... Eu só apanhei de vara de goiaba para estudar, e foi pouco. Se tivesse apanhado mais, eu teria feito faculdade, eu gostaria de ter estudado muito mais. Eu agradeço muito ao meu tio Dodô, foram "varadas" abençoadas.

Quando criança você já sabia que era diferente?

Eu tive de perguntar a minha mãe desde quando eu "dava pinta". Minha mãe é católica e espiritualista, ela teve uma visão, viu que eu seria homossexual e artista, com a vida badalada. Graças a minha mãe, eu não tenho culpa nenhuma a respeito de minha sexualidade. Dizem que eu passo muita alegria, e acredito que passo essa alegria justamente porque nunca tive de escolher a minha condição. Isso é uma bênção!

Como você gere sua ambigüidade no dia-a-dia?

Eu tenho uma aparência muito feminina e passo tranqüilamente por mulher. No Brasil isso é impossível por eu ser a Rogéria, mas acho que seria tristíssimo se eu estivesse na América ou na Europa e, andando na rua, alguém me identificasse como um homem vestido de mulher. Agora, por outro lado, não me incomoda nem um pouco fazer xixi em pé.

Então, pelo que eu entendi, é a autenticidade da pessoa que proporciona o conforto psicológico e físico?
Ah! Você foi maravilhosa! É exatamente isso. Eu acho um horror ver um travesti prendendo a mala com esparadrapo, que sofrimento! Eu, dependendo da roupa, coloco a minha para cima "dando bom-dia" [risos].

Não existe nada pior do que você ir ao cinema e, no melhor do filme, ter de ir ao banheiro porque o elástico da calcinha está te cortando o saco, é um horror!
É um horror, um horror...

Você tem impulsos masculinos?
Uma vez eu quase morri por defender uma garota: era um bêbado e eu parti para cima dele. Até que ele tirou um revólver do cinto, aí então eu dei uma de "Schumacher" e desapareci!

Me diga: por que a operação de mudança de sexo não é uma boa?
Porque não é igual, nem do ponto de vista estético nem do psicológico. Eu respeito a vontade de quem quer se operar, mas elas devem entender que nunca serão mulheres de verdade, nem para elas nem para os outros, e que o resultado é irreversível. Quando eu trabalhei na Espanha e o general Franco estava no poder, eu já estava há alguns meses em cartaz quando a polícia veio dizer-me que eu só poderia continuar trabalhando se eu fizesse a operação para mudança de sexo. Então eu fiz as malas e corri para Paris. Imagine que eu ia tirar fora o meu maior "troféu", nem morta! [risos]

E quem ou o que foi que te deu o click para que você se transformasse na artista Rogéria?
Minha mãe conta que sempre fui artista, que aos 4 anos eu já cantava. O que é já nasce feito. Minha primeira apresentação foi num teste da boate Stop Club, e ganhei o primeiro lugar. Quem percebeu que eu tinha talento e indicou-me para o teste foi Jeane Angel, um travesti que declamava poesias em bares e boates, coisa que se fazia muito. Ela era uma *beatnik*, essa foi minha "madrinha".

Les girls *foi o maior espetáculo de travestis que o Brasil já teve. Conta como foi.*

Foi uma loucura, foi tudo de bom porque foi ali que eu realmente me tornei Rogéria. Eu fazia cinco entradas e o final. Mas eu só me senti realmente uma estrela depois de substituir a Valéria, que era "a" cantora do espetáculo. E, nesse dia, quando eu voltei de cena sob a ovação da platéia, disse para aquelas que ainda não me aceitavam como estrela: "Queridas, eu posso substituir qualquer uma aqui, mas nenhuma de vocês pode me substituir". A partir dali, ficou estabelecido que eu era uma estrela e *c'est fini!*

Algum dia você chegou a ser presa, ou não?

Ah! Várias vezes [risos]. Na época eu era menor e foi muito engraçado. Em uma das vezes, eu estava na Cinelândia usando uma blusa de minha mãe, com dois riscos de delineador nos olhos, e pensei: "Nossa, eu estou muito bonita, está todo mundo me olhando!" De repente, senti uma mão enorme pegando no meu ombro, lembro-me de ter dito: "Não me pegue pela calça que eu não sou marginal". Eles me trataram bem, me chamavam de Martha Rocha, e disseram: "Você é bonita, vai no banco da frente"; enquanto as outras foram atrás, no camburão. Quando chegamos à delegacia, um deles disse: "Chegamos, você pode ir sozinha, vai andando!"; e eu dei uma corrida que se eles me pegassem eu estaria perdida. Depois, eu tive de agüentar a ira das outras: "Nós ficamos lá dez dias por sua causa, seu veado!" [risos]

Como foi a sua ida para a Europa?

Era o final dos anos 1960 e, para mim, a situação aqui no Brasil estava insustentável. Havia um delegado da polícia civil, chamado Padilha, que era um recalcado e que tentou tirar-me do *show* do Fred's. Ele chegou para o Carlos Machado e disse: "Eu não quero mais esse veado aqui". Foi o dia em que eu mais chorei na minha vida. Aquilo não deveria estar acontecendo comigo. Achei que estava na hora, e fui embora. Alguns meses depois da minha chegada à África, a guerra começou a "comer solta" por lá, então eu me mandei para a Espanha. Quando cheguei a Barcelona, não tinha dinheiro nem para pagar o táxi, e ainda fiquei dez dias sem trabalho e tendo que mandar dinheiro para casa. Foi horrível, sofri muito. Foi quando um empresário me conseguiu um teste em uma boate; na audição eu cantei *People* e acabei ganhando o contrato. Mas, quando o Franco quis cortar o meu pau, eu corri para Paris. Foi em Paris que eu assumi a Rogéria integralmente, comecei a viver como mulher. Aprendi a cuidar do meu cabelo, do meu jeito de andar; enfim, a viver 24 horas por dia como Rogéria. Comecei a tomar ares de Catherine Deneuve, e por aí foi...

E qual a parte mais prazerosa e mais dolorosa da transformação?
A parte mais dolorosa, com certeza, é o preconceito. Agora, na prática, é colocar o saco para trás! No começo eu não sabia colocar direito e um dia um cara veio dançar comigo e pá!... deu um tapa em minha bunda! Fui parar nas nuvens! [risos] E a parte mais prazerosa é quando eu subo no salto e o apresentador anuncia: "Senhoras e senhores, com vocês a internacional Rogéria!"

Quando você esteve na Europa você teve algum romance?
Não, essa aliança que eu tenho no dedo representa os três maridos que tive na vida, mas eu só amei de verdade uma vez. O meu primeiro marido foi maravilhoso, mas a coisa vacilou quando ele quis que eu me jogasse junto com ele do alto de um hotel, para provar o meu amor.

O bofe ficou extremista!
A culpa foi minha, eu vivia pedindo para ele me provar o seu amor, e um dia a prova foi a morte. Ele me encurralou na janela, eu pensei: "Agora eu estou frita!" Fiz um esforço enorme e consegui chorar uma lágrima preta de rímel, igual a Bette Davis em *Jezebel*. Ele me soltou, eu me joguei no chão e gritei: "A morte não! E minha mãe, como é que fica? Sou arrimo de família!" Em toda a minha vida, ele foi o único homem que conseguiu me fazer calar. Ele dizia "cala a boca", e eu me calava. Uma vez ele me deu um tapa na frente do elenco. Depois elas disseram: "A gente queria ter levado esse tapa, foi um tapa de ciúme!"

Então, "um tapinha não dói"?
Um tapinha não, porrada sim! Ele era de uma família tradicional de São Paulo. Uma vez ele me deu de presente o anel com o brasão

da família, e eu o perdi no dia seguinte, ele ficou louco! [rindo muito]. Amar é conjugar sexo com coração, isso foi só com ele. Os outros foram paixões.

Algum francês?
Eu só amei brasileiros. Nunca me apaixonei por um estrangeiro, eu acho o brasileiro muito gostoso, irresistível. E quanto mais preconceituoso melhor ele é, porque entre quatro paredes ele é maravilhoso.

Você acha que o travesti tem uma vida sexual diferenciada? Você acha isso melhor ou pior?
Para mim, sempre foi melhor, é ótimo. Eu gosto muito de sexo. Atualmente, a única coisa que está "pegando" é que eu não gosto que me escolham, eu tenho que escolher, eu preciso dar uma "patolada".

Para ver se a mala é boa?
Sim. É uma coisa horrível, que a Rogéria não deveria fazer...

Por que é coisa tipicamente masculina?
Não, porque é coisa de veado!

E você já namorou mulher?
Sim, uma única vez, foi em Biarritz: era uma lésbica e se chamava Lulu. Adoro receber cantada de sapatona. Elas são muito mais contundentes que os homens.

Eu também. No réveillon fiquei com uma, em Genebra, era um verdadeiro gentleman. Me seduziu pela masculinidade e pela finesse.
É agradabilíssimo! Porque, no fundo, elas gostariam que suas mulheres se comportassem como a gente.

Só um homem sabe como uma mulher deve se comportar.
Lulu me dizia: "eu adoro teu jeito de andar". Isso é uma coisa muito difícil de você ouvir um homem dizer. Nesse sentido, elas ganham de longe dos homens!

E as drogas?
O que eu acho terrível com as drogas é que a pior das drogas ninguém controla, que é o álcool. Mas, quando ouço dizer que alguém matou a mãe por causa da droga, não concordo. A droga só potencializa o que o sujeito é. Se ele tiver uma boa índole, não é a droga que vai transformá-lo em um monstro.

O que mais te incomoda na sociedade atual?
Burrice me incomoda muito.

E sobre a religião?
Às vezes eu vejo casais de homossexuais reclamarem da Igreja. Eu acho que, se você tem Jesus no coração, tudo fica mais fácil. Ele te aceita do jeito que você é. São os homens que fazem essas leis ridículas.

E você tem um conselho para a trans que está começando?
Se ela tiver pretensões artísticas, em primeiro lugar tem de ter uma cultura de base e, em segundo, tem de ter talento, pois eu não agüento mais ver travestis no palco sem talento. Se não fosse o talento, eu não teria ganhado o prêmio Mambembe, em 1980, de melhor intérprete, com a peça *O desembestado*. Eu fazia uma dona-de-casa ao lado de Grande Otelo, que fazia meu marido.

Rogéria, o que representa para você fazer 60 anos?
Quando fiz 30 anos, foi o auge da minha carreira. Quando fiz 40, quebrei a cara em um acidente de carro e pensei que tudo tinha acabado, mas em um mês e meio eu me recuperei e estreei na TV Globo com Agildo Ribeiro. Agora, aos 60 anos, fiz regime, estou com um namorado de 21 anos que me chama de gatinha. Estou feliz comigo mesma e ainda tenho um público que me adora. O que me deixa apavorada não é a idade, mas sim a doença. Eu quero ficar uma velha saudável.

Claudia Wonder

"Você pode ser o que quiser, na hora que quiser"

★

Entrevista com Maitê Schneider

Maitê Schneider, 31 anos, nasceu e reside até hoje em Curitiba, capital do Paraná, onde, além de ser uma celebridade na cena, participa ativamente de atividades com ONGs e grupos de discussão. Totalmente "informatizada" e plugada nos acontecimentos nacionais e internacionais da comunidade GLBT e, mais especificamente, nos que se referem ao universo trans, Maitê mantém um *site* "pessoal" há sete anos, onde disponibiliza, entre outras coisas, *clipping* de notícias e dicas de baladas, além de oferecer ajuda psicológica e jurídica gratuitamente. Confira um pouco mais de Maitê nessa entrevista que concedeu ao *G Online*, pouco antes de partir para a Suíça, onde se encontrará com Roberta Close (para discutirem a criação de uma Associação de Transexuais), e depois para a Tailândia, para conversar com um reconhecido cirurgião de transgenitalização, pois ela pretende mudar de sexo.

Quem é Maitê Schneider?

Nasci em Curitiba e estou com 31 anos. Na adolescência, ainda como Alexandre, tinha uma carreira promissora como modelo, mas abandonei, porque nessa mesma época me descobri transexual.

Como foi essa descoberta?

Eu tinha 15 anos e achava que era homossexual. Então comecei a freqüentar as boates *gays* de Curitiba. Só que não me sentia como eles. Não demorou para que eu começasse a andar com travestis e a perceber que era isso que eu queria. Na época, a transexualidade era pouco discutida, éramos tratados como uma anomalia. Meu pai tinha uma postura contrária, achava que deveriam colocar todas no paredão, mas para minha surpresa, quando revelei minha verdadeira identidade, ele ficou do meu lado. A primeira coisa que me perguntou foi se eu havia ficado com alguém; eu disse que não, mesmo porque naquela época eu ainda era virgem. Então ele me levou ao psiquiatra e me encaminhou, fomos a bibliotecas e, juntos, descobrimos tudo sobre o assunto. Daquele dia em diante, ele sempre me apoiou.

Você sempre se sentiu mulher?
Sempre. Tanto que, quando criança, na escola, mesmo sabendo que meu nome era Alexandre, quando os professores organizavam os alunos em filas, inconscientemente eu ia para a fila das meninas. Achava que meu lugar era ali. Eu usava o cabelo tipo "juruninha" e queria fazer trancinha, então me disseram que eu não podia usar trancinhas e que eu devia ser como meu irmão. Depois queriam que eu fizesse educação física, eu dizia: "Não vou!" E para explicar isso? Chamaram meu pai e tudo, mas em compensação eu só tirava notas boas.

Então conta para nós como foi na escola.
Eu devia ter de 5 para 6 anos de idade quando, um dia, todos os meninos do recreio se juntaram à minha volta e começaram a me chamar de "mariquinha, mariquinha". Fiquei contente com aquilo, pois não sabia o que era, fiquei batendo palmas e cantando: "Eu sou mariquinha, eu sou mariquinha..." No carro, de volta para casa, estávamos como todos os dias, meu pai, meu irmão e minha irmã, e contei o que aconteceu na maior inocência. Ninguém trocou mais uma palavra dentro do carro e, quando cheguei em casa, levei uma surra sem saber o porquê. No dia seguinte cortaram o meu cabelo e disseram para o meu irmão me ensinar a andar e a falar como homem. Colocaram-me no judô, onde fiquei por oito anos fazendo coisas masculinas que me obrigavam. Nessa época, para agradar minha família, eu fazia de tudo para não levar bronca. Cheguei até a namorar duas meninas, mas nunca consegui ter relações com elas. Não tinha coragem de transar com uma mulher. Hoje seria bem diferente, pois acho que posso ter uma relação prazerosa com uma mulher, não tenho mais bloqueios.

Então você acha que o gênero não tem nada que ver com a sexualidade?
Não, são duas coisas bem distintas, você pode ser de um gênero e ter outra sexualidade. A sexualidade pode ser mutável. Assim

como nós mudamos com o tempo, ela também pode mudar. Minha cabeça mudou muito, antes eu tinha um padrão limitado, um tipo físico, uma forma de fazer sexo. Hoje, creio que não diria não a uma garota se ela me desejasse. Tirei da minha vida a mesquinhez dos padrões estabelecidos: se você é trans, você deve ser passiva; se é hétero, deve ser assim ou assado. Então comecei a perceber a felicidade nos relacionamentos. As pessoas têm muito medo de tudo isso, medo de mudar. Elas acreditam que se uma pessoa muda a sexualidade quando quer, pode mudar de caráter quando quiser. Isso é um absurdo. Você pode ser o que quiser na hora que quiser.

Eu penso também que existe certa inveja da nossa liberdade interior, você não acha?

Inveja total! E não somente da liberdade interior, mas também do que você exterioriza, contagiando as pessoas à sua volta com aquele sentimento de "foda-se o mundo". Eu não danço conforme a música: eu escolho a música que quero dançar. O gênero é uma coisa limitada, e a sexualidade pode se expandir em cima disso.

Você lê muito?

Não leio muitos livros, revistas, jornais. Tudo que leio é na internet. Passo, em média, catorze horas por dia em frente ao computador, e meu maior aprendizado é com as pessoas com que converso. Recebo quase mil *e-mails* por dia.

Você ganhou um prêmio na internet, não foi?

Ganhei o Nobel da Internet em 2000, pelo portal www.gay.com, que é um dos maiores portais do mundo. Tenho meu *site* há sete anos, e sempre quis que ele fosse como uma casa, que recebesse pessoas com problemas relativos à sexualidade, e elas se sentissem apaziguadas. O *site* acolhe, dá ajuda psicológica e jurídica gratuitamente. Não faço apologia a nada, do tipo "venha ser *gay* que é legal", "venha ser travesti que é legal". Tudo é voltado para a diversidade. Creio que é por isso que ganhei o prêmio.

Você é "informática"?

Sim, sou "informática" e pessoal.

Fiquei sabendo que você pretende se operar; é verdade?

É verdade, estou indo para a Suíça me encontrar com a Roberta Close, ela pretende criar uma associação de transexuais por lá. Depois eu vou para a Tailândia conversar com o doutor Suborn, que é um dos melhores especialistas do mundo no assunto, e em quem eu confio plenamente. Quero fazer fora porque tenho medo. No Brasil já vi muitas atrocidades, uma verdadeira carnificina. Aqui todas são cobaias.

Minha maior preocupação a respeito da operação é com o gozo. Como você define isso?

Fico preocupada, é claro, mas também você deve saber que é outra anatomia, outro jeito de tratar, que não é mais um pênis que está ali. Acredito também que o gozo tem muito que ver com o psicológico. Se você está com a cabeça boa, o gozo vem mais fácil. Ter um pinto no meio das pernas sempre me incomodou, não tenho nenhuma relação harmônica com o pênis. Limito-me a certas posições, até com meu namorado é meio difícil transar no claro. Ver "aquilo" balançando no meio das minhas pernas me atrapalha na hora do sexo. Já me senti completamente mulher nos braços de um homem, mas na hora da cama foram poucas as vezes em que me senti plena.

Você me disse que sempre está buscando mais. Isso é na busca da mulher ou em todos os sentidos?

Eu sempre estou buscando mais, estou falando com você e buscando o que posso tirar como aprendizado desse nosso contato. Estou sempre tentando melhorar, faço muitas coisas ao mesmo tempo. As pessoas dizem: "Não sei onde você arruma tanto ânimo, está em quinhentos mil lugares e tem tempo para tudo". Eu vivo tudo intensamente. Não sou do tipo oito ou oitenta; sou oito mil por vez.

Isso te ajuda?

Acho que tem me ajudado. Hoje me sinto forte no que faço. Todo esse trabalho que faço com o *site*, com as ONGs que ajudo, grupos de discussão que crio, isso me dá muita força porque vejo que ajuda as pessoas e a mim também.

Como você define isso tudo: é assistência social, militância, política... O que é?

Nem uma coisa nem outra. É ação, uma mão lava a outra. Ajudo à medida que sou ajudada. Não que eu faça sempre visando a um retorno, mas eu sinto que sempre recebo algo em troca. Não faço militância. Farei militância no dia em que o "movimento" se abrir realmente para a diversidade, para todas as expressões dos sentimentos humanos. Aí sim eu levantarei a bandeira.

Quem você acha que faz um trabalho sério no "movimento"?

Em Curitiba, tem o Beto, presidente do IPA, que é uma ONG que ajudo; o Yohan, que tem um trabalho lindo com jovens; e o Orion. Em São Paulo, tem o Beto de Jesus, na linha da educação, que é uma pessoa de quem gosto muito. A Claudia Wonder, que é uma anarquista, no sentido de não aceitar as coisas como eles querem que a gente aceite. Assim, desse jeito, te acho uma anarquista maravilhosa. A Camile Cabral, lá na França. Enfim, essas são pessoas que conheço e que acredito que fazem um bom trabalho.

O que você acha de as trans reivindicarem o direito de freqüentar saunas gays?

Acho que você deve saber como se define. Se você pertence ao gênero feminino ou masculino. Eu sou do gênero feminino, não sou um homem vestido de mulher; portanto, não vou a saunas *gays*. Lutar por nossos direitos é um dever, mas temos de ter consciência do limite alheio. Creio que essa atitude esbarra na invasão de privacidade. Elas deveriam freqüentar saunas mistas.

Para finalizar, mande um recadinho para os usuários do G Online...

As pessoas devem perceber que muitas coisas acontecem ao nosso redor, tanto coisas boas quanto ruins, e que somos responsáveis por toda mudança que possa acontecer. Tudo que você puder fazer de bom para o próximo retornará para você, mudando o mundo à sua volta para melhor. Uma "migalha" que você oferecer fará uma grande diferença em sua vida. Pense nisso. As pessoas devem parar de pensar somente no próprio umbigo.

Entrevistas

"Dentro de mim mora uma mulher"

Entrevista com Phedra D. Córdoba

No auge de seus bem vividos 68 anos, a atriz, travesti, cantora e bailarina Phedra D. Córdoba é o retrato vivo de uma época que chamamos de "Anos dourados", as décadas de 1950 e 1960.

No final de 2004, Phedra estava em cena com duas peças diferentes, *A filosofia na alcova* e *Kaspar*, ao mesmo tempo que ensaiava um novo espetáculo, *Transex*, em que é uma das protagonistas ao lado do ator Ivam Cabral e do diretor Guzik. Todos esses trabalhos ela realiza em São Paulo, com o grupo teatral Os Satyros (www.satyros.uol.com.br), do qual faz parte há três anos.

Sua força e seu dinamismo, unidos ao seu talento, conquistaram o respeito de muitos, como o escritor João Silvério Trevisan, que a define como "uma muralha de resistência ao preconceito..."

Em nosso papo, Phedra mostra o seu magnetismo de estrela de primeira grandeza.

Phedra, onde você nasceu?
Eu sou cubana, nasci em Havana, mas meu coração é brasileiro.

Você saiu de Cuba fugida de Fidel Castro?
Não, eu saí de Cuba em 1955, antes que ele tomasse o poder. Na realidade, eu fugi de minha mãe, que não me aceitava e não largava do meu pé.

Como foi a primeira vez que você se vestiu de mulher?
Foi maravilhoso e trágico ao mesmo tempo. Desde adolescente eu sempre fui muito "mariquinha", e no carnaval me convidaram para sair de mulher em cima de um carro alegórico de uma famosa marca de cerveja que, além de dar o figurino, pagava um cachê de 25 dólares. Então me arrumei maravilhosa, com um rabo-de-cavalo postiço que uma amiga me emprestou. Só que, quando eu estava me exibindo em plena avenida, minha mãe apareceu e começou a gritar:

"Safado, sem-vergonha, desce desse carro já!" Ela fez um escândalo tão grande que a polícia parou o carro e eu tive de descer.

Como ela ficou sabendo?
Foi minha cunhada, que assistia ao desfile e foi correndo contar para ela. Em casa, minha mãe disse ao meu pai para me dar uma surra [Phedra se emociona quando fala de seu pai]. Minha mãe era homofóbica, mas meu pai sempre me acatou. Ele disse que era carnaval e que me deixasse em paz.

Com quantos anos você começou a trabalhar?
Aos 15 anos eu já estudava teatro e canto. Depois de um ano na escola, fiz um teste como ator em uma companhia teatral e fui aceita. Trabalhei nessa companhia durante três anos. Estávamos na era dos musicais. Formei um grupo com artistas cubanos e partimos em turnê para os Estados Unidos e para a América Latina.

Como foi a experiência na América?
Como toda aventura, não foi sem dificuldades, mas depois que o tempo passa a gente acha ótimo! Terminada a temporada, eu não quis voltar para Cuba, porque queria me livrar das garras de minha mãe. Fiquei por conta própria nos Estados Unidos. Ficamos eu e dois bailarinos do grupo, mas só conseguimos emprego depois de dois meses de busca. Uma noite, em uma boate, meu amigo disse: "Filipeta (era como ele me chamava, por meu nome ser Felipe), tem um homem te olhando". Era um americano bonitão, bem vestido, e, para nossa felicidade, era um empresário teatral! Moral da história: fiquei com ele um ano, o tempo de nossa temporada na boate Le Cupido, na Flórida, onde ele nos empregou. Essa boate me marcou muito, foi lá que ouvi falar pela primeira vez sobre o Brasil. O cantor Dick Farney, que lá se apresentava, insistia que eu viesse pra cá por causa do carnaval. O que veio a acontecer em 1958, pelas mãos de Walter Pinto.

Walter Pinto foi um dos maiores empresários de revistas musicais, não foi?
Com toda certeza. Eram dois, ele e o Carlos Machado. Trabalhei com ele como ator e bailarino em várias peças de sucesso, e também

com ele tive o prazer de dividir o palco com grandes estrelas da época, como o Otelo Zelone, a Renata Fronzi, a Sônia Mamede, entre outros. Nessa época eu ainda não era travesti.

E quando foi que você assumiu e se transformou em mulher?

Eu sempre tive essa "coisa" de querer ser mulher no meu coração. Sabia que não era, mas queria ser. Acho que dentro de mim sempre morou uma mulher. Em 1962, a Coccinelle, que era a transexual mais famosa do mundo, esteve aqui no Brasil. Quando a vi, fiquei "enlouquecida" e disse para mim mesma: "É isso que eu quero". Então comecei a tomar hormônios e a me transformar gradualmente, mas continuei me vestindo de homem. Uma noite, em 1969, no *show* que fazia com o humorista Costinha e com a Wilza Carla, me olhei no espelho e senti que já estava "pronta". Não falei para ninguém e, na hora do meu número, em vez de entrar cantando como homem entrei como mulher.

E o nome Phedra, foi você que escolheu?

Escolhi esse nome em homenagem à Phedra, da mitologia. Ela é a filha do Sol, e eu me encanto com sua história. Também sempre gostei muito da atriz Melina Mercury, que fez o filme com o mesmo nome. Como me chamo Felipe D. Córdoba, mudei para Phedra D. Córdoba.

Como você chegou em São Paulo?

Vim para São Paulo para trabalhar em um espetáculo no Teatro de Alumínio, com a Consuelo Leandro, o Cauby Peixoto e a Eliana Pittman. Com eles também fiz rádio e televisão, onde era apresentada como mulher; o público não podia saber que eu era travesti. Fora dos teatros e boates, a censura era terrível.

Era o tempo da ditadura militar. Afora a censura, a polícia prendia?

Quando começou a ditadura, prendiam. Não precisava ser travesti, bastava dar uma pinta e pronto, lá ia você para o xilindró [risos]. No começo da ditadura eles fecharam as boates, não podíamos nos apresentar. Foi horrível, mas depois melhorou.

Não podiam se apresentar, então como vocês viviam?

Os *shows* eram apresentados cedo, fora do horário em que a polícia costumava dar batidas. O público sabia que era proibido, mas queria "ver as bichas". Então chegavam cedo. A gente chegava, se "montava", fazia o *show* e se "desmontava" correndo [risos].

Você não viajou mais para fora?

Sim, fui para a Argentina e para o Chile com a Ângela Maria, a maravilhosa Dalva de Oliveira e o Gregório Barros. Em Santos fiz uma temporada com o Altemar Dutra e sua mulher, Martha Mendonça.

E Les girls?

Les girls foi um momento maravilhoso. Eu andava dando "cabeçadas" para lá e para cá na minha vida, quando o Carlos Gil me chamou para fazer parte do elenco. Ele "caiu do céu". Como você sabe, fizemos muito sucesso. Esse espetáculo marcou uma época.

E As gigolletes?

As gigolletes foi em 1975, um espetáculo de muito sucesso. Produzido pelo grande empresário Marcos Lázaro, escrito e dirigido pela dupla Wilson Vaz e Mário Wilson, que são os mesmos criadores de *Os trapalhões*. Ficamos um ano em cartaz com casa lotada. Nessa época já existiam as boates *gays*. Trabalhei na Medieval e na Nostro Mondo, com a Condessa, que eu adorava.

Phedra, e os amores?

[Phedra fica com semblante suave.] Ah! Foram vários. Lembro-me de um fazendeiro goiano que adorava me levar para o mato de jipe, para transarmos [risos]. Eu odiava, porque os pernilongos mordiam minha bunda e me dava alergia. Mas ele dizia com jeitinho romântico: "Aqui é mais gostoso. Olha a lua, que linda!" Eu esquecia os mosquitos e ficava olhando para a lua... Depois, em Porto Alegre, namorei três meses um militar, filho do dono do hotel onde eu estava hospedada. O pai ficou sabendo e não disse nada, me achava maravilhosa. Naquela época, como é que pode? Mas o meu grande amor foi o Paulo, *maître* da boate Medieval. Nós ficamos juntos quatro anos. Depois dele não tive mais ninguém. Faz vinte anos que estou sozinha.

Como você lida com a solidão?
Não penso muito sobre isso. Estou sempre com alguém, uma amiga, um amigo, tenho uma gata. E também, vivi a maior parte da minha vida sozinha e já devo estar acostumada. Não quero dizer com isso que não gostaria de ter um amigo, um amor. Isso todo mundo quer, não é verdade?

Phedra, como você lida com o preconceito?
O maior preconceito que sofri na minha vida foi em Franca, interior de São Paulo. Estava trabalhando em uma boate e conheci um bofe que se apaixonou por mim. Ele me levava para jantar e saía comigo de mãos dadas para todos os lugares. Um dia chegou para mim uma intimação do delegado da cidade, que, além de homofóbico, era um homem muito poderoso. No dia seguinte, vesti minha melhor roupa e fui até a delegacia. Lá, fiquei sabendo que eu causava escândalo na cidade, por ficar de beijos e abraços com um homem em lugar público. Isso me deixou tão irritada que eu fiz uma cara de rainha ofendida e respondi: "Doutor, não tenho culpa de ser beijada, não posso recusar minha boca, pois estou apaixonada". Ele ficou uma fera! Disse que eu tinha uma semana para sair da cidade. Eu achei um abuso, e não saí. O tal delegado foi me procurar e me levou escoltada até a rodoviária.

E o bofe apaixonado?
Nunca mais vi.

O que você acha que mudou dos anos 1950 para os dias de hoje?
Muita coisa mudou. Quando eu vou à Parada Gay e vejo milhares de bibas reunidas, cantando e dançando, fico emocionada. Nunca pensei que chegássemos a essa liberdade. Isso é maravilhoso, e acredito que seremos respeitados cada vez mais. O importante é mostrar a cara.

O MITO VOLTA À CENA

★

Entrevista com Claudia Wonder, por Paulo Giacomini

Ela completa 25 anos de carreira. Camaleônica, mistura de *glamour* e *underground*, transformada em mito, Claudia Wonder volta à cena para ocupar o espaço que ela mesma deixou. Aos 7 anos, Marco Antônio foi puxado pela orelha pela professora até a diretoria – dois andares acima da sua sala de aula! –, porque havia feito a turma toda dançar o *twist*; com 10, jogou no lixo os hormônios que o médico havia receitado para conter sua produção hormonal – feminina! E, cabeleireiro e maquiador aos 16, comunicou aos pais sua opção pelo travestismo. E para o sucesso. Primeira travesti a posar em nu frontal para uma revista erótica. Isso, no Brasil dos anos 1980, década em que circulou marginal, porém livremente, pelas mais diversas rodas culturais brasileiras.

Em seu polivalente currículo constam cenas com Tarcísio Meira no filme *O marginal*, o documentário para a televisão suíça *Anjos não têm sexo*, sobre a vida de personagens da noite paulistana, a peça *Nossa Senhora das Flores*, do maldito Jean Genet, além de revistas, *performances*... Sua incursão pela música resultou em versões brasileiras de sucesso do *rock and roll* como *Barra-pesada*, e poesia travestida em transgressão musicada como em *Batgirl* e *Jardim das delícias*. Claudia voltou à cena no ano passado com a *performance X.tha magia*, inspirada em *Mars attacks* [*Marte ataca*], produzida para a abertura do Festival Mix Brasil (vista também na Lov.E e no Mundão), evento em que se apresentou no mesmo dia da banda Cibo Matto, da namorada do guitarrista Sean, o Lennon...

Enquanto ela se prepara para encarar a *hostess* oficial do Mundo Mix, o mercado persa *fashion*, agora em *tour* ampliado pelo país, leia a entrevista desta diva, de volta à cena porque, como diz Caetano, gente foi feita para brilhar!

Entrevistas

Claudia, como você se tornou artista?
Desde criança eu gostava, nas festas da escola eu cantava, recitava, em casa também. Eu comecei fazendo dublagem na boate Nostro Mondo, num especial de Veruska. Em um mês eu estava na revista *As gigolletes*.

É verdade que você contracenou com o Tarcísio Meira?
Foi no filme *O marginal*, do Carlos Manga... Minha personagem, a Karina, fazia *shows* na boate do Valdo, personagem do Tarcísio Meira.

Em que ano foi isso?
Em 1974. Ai, você não vai pôr isso; vão pensar que eu sou jurássica!

É um privilégio te apresentar a essa geração que está aí dançando nos clubes e te mostrar novamente aos que te idolatram há mais ou menos quinze anos pelas noites do eixo São Paulo–Rio de Janeiro. Nós trabalhamos juntos em 1982. Com 20 anos, eu tentava ser ator fora da escola de teatro; de repente, estava trabalhando com você, a Meise, o Augusto Rocha...
Você já começa assim? Isso porque a gente é amigo...

Foi uma das primeiras coisas punk feitas no país. O cenário, em antílope negro e madeira envelhecida, e o figurino, do Domingos Fuschini, também em antílope, com detalhes em tule colorido. Cada personagem usava uma cor. Lobsalda, a Vampira Vulgar, do Ronaldo Ciambroni, com direção do Eduardo Curado e produção da Homo Sapiens.
Eu fazia a Barbarella, uma escrava. A história também era meio *punk*, meio sadomasoquista. A rainha do castelo tomava sangue das escravas para virar mulher [risos].

Nessa época você fazia com o Eurico Martins e o pianista Oswaldo Sperandio o show Wonder in love, no Village Station Cabaret, e a leitura dramática de O homem e o cavalo, de Oswald de Andrade, dirigida por Zé Celso.
Eu era o Camarada Verdade, aparecia no palco nua, só com uma capa de tiras coloridas de organza. O *Wonder in love* era lindo, eu con-

tracenava com uma boneca manipulada pelo Terence Allan, um ator e cantor americano.

Foi nesse show que você caiu do palco do Village?
Foi numa noite em que eu ganhei um prêmio no *Viva a noite*, programa do Gugu [Liberato]. Eu estava muito feliz; acabou a luz e caí como Sarah Bernhardt.

Você ficou quase um ano parada. Mas, em 1985, ganhou a mídia com O vômito do mito, que você fez no Madame Satã, no Rose Bombom...
Foi na mesma época de *O homem e o cavalo*. Eu acho que foi o momento certo. Tinha aquela cena da banheira com groselha, que representava o sangue, numa época em que a Aids aterrorizava todo mundo. Eu ficava completamente nua, matava a cobra e mostrava o pau na banheira de sangue. E jogava esse sangue em todo mundo. Eu acho que foi isso, a ousadia e o momento certo de fazer a coisa. Era o *rock*, era o *rock*.

Antes de O vômito do mito sua imagem era mais brilhante, você usava mais plumas, strass... uma coisa mais Wonder in love.
Foi justamente por isso que eu escolhi o nome *O vômito do mito*, eu queria vomitar todo aquele mito, aquela coisa que existia em cima do travesti e que era só aquilo. O que eram as plumas e paetês? Eu quis mostrar que o travesti pode fazer outra coisa, um artista não pode se limitar a um só gênero de trabalho... Pode ser outra coisa. Por eu gostar de ser diferente; talvez não melhor, mas diferente.

Houve algum fato que fizesse que você precisasse transgredir mais?
Claro! Foi numa dessas que, se não fosse o Leão Lobo e o Hudinilson Júnior, eu ia apanhar, talvez até ser morta pela polícia. A gente estava no bar em frente ao Homo Sapiens numa sexta-feira de carnaval quando eles chegaram fechando o quarteirão inteiro e foram levando umas bichas que não tinham nada a ver, que trabalhavam e estudavam... Num ímpeto, eu gritei: "Prender bicha é fácil! Subir o morro e trocar tiro com bandido ninguém vai!" Moreira da Silva, né? Aí me levaram também. Eles diziam: "Hoje a cobra vai fumar". Mas quando eu desci do camburão, um grupo liderado pelo

Hudinilson e pelo Leão já estava na porta da delegacia gritando: "Ela não! Ela não!" [risos] Acordaram o Darcy Penteado às duas da manhã, ele ligou para o Michel Temer, que era secretário da Segurança Pública. Eu entrei na delegacia e ninguém colocou um dedo em mim. Aí eu fiquei bocuda e comecei a gritar: "E as pessoas que estão presas? O que elas fizeram? Ninguém vai soltar?" Mas o povo já estava me carregando para fora.

Foi aí que você começou a escrever?
Eu vivia num meio criativo, que produzia, e ainda produz, muita coisa boa. O Beto Ronkenzel, o Dias Gaspar, o Edward McRae, o Jorge Mautner... Eu li Nietzsche, Yung, conheci Roberto Piva, Glauco Mattoso, raspei a cabeça e comecei a escrever...

Polêmica. *O vômito do mito, como você já disse, mostrou uma outra artista para o público. Uma Claudia que já namorava, flertava com o* **underground**, *com a Val Improviso. Já naquela época era maravilhoso sair "quase meio-dia, do lado escuro da vida", como diz Cazuza em* Só as mães são felizes.
Em 1987, numa temporada no Barão com Joana, um bar badaladíssimo na cena carioca da época, o Cazuza foi assistir ao *show*, depois foi ao camarim com o Zé Luiz do Sax e disse: "Agora o Zé Luiz vai te esporrar todinha". Eu fiquei esperando e o Cazuza me beijou. Naquela noite a gente dançou e bebeu muito. Amanhecemos no apartamento dele, no Baixo Gávea, num *chill out* superíntimo regado a Joy Division e maconha. Quando amanheceu, a gente na beira da piscina, de repente ele me diz que eu seria a primeira pessoa a ouvir a sua nova música, *Brasil*, que a Gal, a Cássia Eller e ele gravaram.

Nossa!!!
Dois dias depois, nos encontramos no mesmo bar e ficamos juntos. Ele sentava no meu colo, me beijava loucamente, para depois observar a reação das pessoas. Ele era um provocador.

Saiu alguma coisa disso nos jornais?
Isso não sai em jornal, você sabe. Antes de fazer a temporada no Rio, o Alberto Guzik fez uma crítica minha maravilhosa no *Jornal da*

Tarde. Na mesma época, Roberta Close fazia uma peça com o Jece Valadão, e a Thelma Lipp também se apresentava no Teatro das Nações com um texto do Ronaldo Ciambroni. O Alberto botou uma foto das duas, e já no título dizia: "Thelma Lipp e Roberta Close. Fique com Claudia Wonder". Aí ele escreveu o que realmente elas eram no palco; o que não me interessa dizer. *(O que não interessa a Claudia dizer é que o crítico escreveu que tanto Thelma quanto Roberta modelavam figuras inexistentes, desprovidas de vigor; encarnavam "mulheres-objeto de curvas generosas e matéria encefálica reduzida"; enfim, que lhes faltavam talento e brilho.)* Mas no fim da crítica ele dizia que quem quisesse ver em ação um travesti que sabia empregar o poder transgressivo de sua personificação deveria ficar atento às *performances* de Claudia Wonder nas salas alternativas da cidade. Onde eu esbanjava acuidade e extraordinária força cênica.

E o Caio Fernando Abreu também fez uma crônica falando de você na coluna dele no Caderno 2 do jornal O Estado de S. Paulo.
Quando procurei a coluna do Caio para te passar, eu chorei muito; ele foi, assim como o Cazuza, muito importante para mim. Ele se identificava comigo. Quando eu assisti a *Dama da noite*, eu não parava de chorar, parecia que ele tinha escrito a peça pensando em mim. *(A identificação de Caio Fernando Abreu, segundo Claudia, não é exagero. A crônica de Caio, publicada no dia de uma estréia de La Wonder no Teatro do Bexiga, trazia o título: "Meu amigo Claudia". O escritor abria a coluna com "Maravilha, prodígio, espanto: no palco e na vida, meu amigo Claudia é bem assim". O cronista escreveu sobre Claudia: "uma das pessoas mais dignas que conheço".)*

Você fez fotos para um disco da Legião Urbana?
Eu fiz um trabalho com o fotógrafo Chico Aragão, que clicava o Legião Urbana para a capa do segundo disco deles. Eu estava me aprontando no camarim e o Renato Russo veio me pedir corretivo para olheiras. Eu não só emprestei, como retoquei a maquiagem dele com o corretivo. Mais tarde, o Chico Aragão me chamou para tirar uma foto com eles. Eu fiz a foto, deve ter ficado linda! Imagine eu, deitada numa plataforma coberta por um linóleo no meio de um cenário, com aqueles quatro garotos lindos!

E você não tem a foto?
Não, porque o Legião vetou a divulgação da foto antes do lançamento do disco. Depois que o disco saiu, eu não fui mais buscar...

Mas a versão que você fez de Walk on the wild side, do Lou Reed, fez um sucesso danado!
A versão chama *Barra-pesada*, que é uma história quase autobiográfica das barras que já passei.

Barra-pesada (1985)
José fugiu do interior pra capital
Cruzou de carona o seu país
E no caminho ele raspou as pernas,
Ele virou ela e chamou: Ei, cara
Vem pra barra-pesada
Vem pra barra-pesada

João nunca deu o rabo de graça
Quem queria pagava e pagava
Era um michê aqui e outro ali.
Isso pra ele era se divertir.
Aonde?
Na barra-pesada, vem se divertir!
Na barra-pesada.
E as bichas cantavam do, do, do, do, do, do, do...

Jesus era chave de cadeia,
Era o preferido do xerife.
Mas ele não esquentava.
Nem quando sangrava.
E com a boca melada
Ele lambia e engolia
Toda essa barra-pesada
Engolia toda essa
Barra-pesada.

E ganhou a rua o rapadura
Descolar um rango é coisa dura
Val Improviso foi a jogada
E a galera agitando gritava, hei, cara!
Aqui a barra é pesada
Aqui a barra é pesada.

De baixo astral estava Maria
Pensou ser James Dean por um dia
Então tomou e cafungou e se picou
Alguém perguntou por quê?
É que a barra é pesada
Por quê, mina?
É que a barra é pesada.
E as putas cantavam do, do, do, do, do, do, do...

Por que você se tornou travesti?
Eu escrevi isso numa carta para responder a um artigo do [Luiz] Mott. Eu não me tornei travesti para realizar minhas fantasias sexuais. Foi outra coisa. É que eu era muito efeminado, não tinha sucesso. Com os héteros, você sabe como é, eles não gostam que um *gay* se exponha, sabe? A sociedade aceita, desde que ele seja assim, bonitinho, engomadinho...

Discreto.
Discretinho, né? Não demonstre. E eu ficava fora dos padrões, sempre fui a famosa pintosa e não dava. *Gay* não gosta de efeminado porque gosta de macho, de homem, entendeu? A gente é assim, a gente não se torna. É apenas um detalhe isso aí.

E você nunca pensou em fazer como a Roberta Close, se operar?
Não; talvez, se pudesse ser mãe, eu operaria. Aí eu seria capaz. Eu acho que uma mulher que não é mãe não se realiza completamente. Uma mulher é isso mesmo [risos].

Por que você foi embora há dez anos?

Eu precisava de uma coisa diferente, parecia que minha carreira não andava mais e eu precisava ganhar dinheiro também, não podia viver de prestígio. Falavam muito em mim, mas o bolso não acompanhava. Novamente na Europa, eu tive condições de ficar mais tranqüila, entendeu? [pausa] Você sabe, vai passando o tempo, chega a idade, e você precisa se sentir um pouco mais segura. Não que eu esteja segura, mas um pouco mais segura de alguma forma. E grana é básico. Sem grana não dá.

Voltando à poesia, a extinta revista Afinal, em fevereiro de 1987, apresentou você ao público carioca como um sucesso vindo do underground paulistano...

Eles disseram que me definir como travesti que canta *rock* era pouco, porque das onze músicas do *show*, dez eram minhas.

Você é meio "mãe" da Léa Bastos?
Mãe da Léa Bastos??? [risos] Não, ela é *trash*.

E *você é* underground?
Sim. Eu acho que o espaço que deixei quando fui pra Europa não foi preenchido. Eu não sou uma *drag queen*, eu sou travesti. Estou apenas retomando um espaço que deixei.

De onde vem o seu carisma?
Acho que é fruto do meu trabalho, só isso.

O seu trabalho tem essa poesia? Você acha que isso é poesia?
Talvez. A poesia da minha própria vida, né? A luta. É um trabalho em que eu penso muito. É minha vida. O músico tem de ser a música, o *performer* tem de ser a *performance*.

Pra você (1998)
Hoje, mais cedo, com a mesa posta, pensei em você (purê)
Na caminhada, na cidade, na velocidade, pensei em você (auê)
No estudo do estúdio, cantando, pensei em você (dô, rê...)
Na multidão, olhando mil rostos, pensei em você (cadê?)

57

No salão de beleza, cortando o cabelo, pensei em você (laquê)
No *show* de Caetano, menino do Rio, pensei em você (Caê)
No clube, no meio do agito, pensei em você (dancê)
À noite na cama, esperando dormir, pensei em você (por quê?)
Esta eu fiz pra você (você)

Claudia por Wonder ou Wonder por Claudia?
Wonder por Claudia: trabalho com amor, carinho, dedicação e esmero.

E Claudia por Wonder?
Pobre menina tola que ainda acredita no amor e na paixão.

Entrevistas

"Me realizo vivendo papéis femininos"

★

Entrevista com Ronaldo Ciambroni

Ronaldo foi o primeiro autor brasileiro a colocar o *gay* em cena de forma digna. Numa época em que, na dramaturgia, aparecia mais como motivo de riso, o *gay* em suas peças tinha direito ao amor e final feliz. Com personagens como Donana, muitos anos de palco, ou Diva Maria de *As filhas da mãe*, grande sucesso no teatro, Ronaldo prova que tem alma feminina, mas sem deixar de ser um homem de teatro.

Como você se descobriu autor?
Sempre batalhei para ser ator, mas desde o teatro amador, na escola, eu já escrevia. Profissionalmente, a minha carreira de ator começou por volta de 1970 com o teatro infantil. Eu achava que naquela época o teatro infantil se repetia muito, então escrevi com o intuito de inovar. Queria que a criança usasse mais a imaginação, interagisse mais com o espetáculo. Minha primeira peça, *Adeus fadas e bruxas*, foi um sucesso.

Você ganhou um prêmio Molière criado especialmente para você, não foi?
Em 1974, com meu segundo espetáculo infantil, *O palhaço imaginário*, ganhei o Molière, que, até então, não contemplava a categoria de teatro infantil. Foi o primeiro no gênero. No mesmo ano, fui indicado como ator no meu primeiro papel feminino, a Donana, da mesma peça. Para mim foi uma surpresa, estava bem no começo da minha carreira e já estava concorrendo com dois grandes nomes do teatro, que eram o Raul Cortez e o Paulo Goulart. Mas eles ganharam os outros prêmios e eu ganhei como autor.

E o teatro com temática gay, como aconteceu?
Foi em 1977, com *Terezinha de Jesus*, a primeira peça a tratar o homossexual com carinho e respeito. Terezinha de Jesus era um travesti

e, independentemente de ela se realizar, ou não, como ser humano, dava certo como estrela do *showbiz*. Isso redefinia suas frustrações e terminava com um final feliz.

Suas personagens femininas despertaram paixões?

Muitas! Nessa época, um rapaz que era namorado da cantora Gretchen se apaixonou pela Terezinha e veio embora com ela, mas foi engraçado porque ele queria que eu ficasse o tempo todo vestido de Terezinha, e com aquele vestido que ele gostou. Não deu certo [risos]. Depois teve outro, que se ofereceu para me levar a Paris e pagar minha operação de mudança de sexo, pode? [risos] Teve também um jogador do Corinthians que ia sempre assistir à peça e me mandava bilhetinhos. E um velhinho, porteiro de um teatro, que se apaixonou pela Donana e vivia mandando bilhetinhos e me fazendo perguntas sobre ela.

Eu acho que estou começando a entender por que você gosta de fazer papéis femininos [risos].

É verdade; se fosse o Ronaldo, não faria essas conquistas, mas a Terezinha tinha muitos fãs. A peça chegou a ter até caravana de gayzinhos que acompanhavam as viagens. Entre eles, hoje alguns são famosos: Thelma Lipp, Kaká di Polly e, mais tarde, Nany People.

Você sofreu preconceito por interpretar um travesti?

Com certeza. Sofri por parte da classe teatral. A Terezinha era uma personagem feminina e eu tinha de ficar bonita. Se ficava não sei, mas fazia o possível [risos]. Como não era uma personagem caricata, a classe via isso com certa distância. Mas o público adorava, tanto os homens como as mulheres torciam para que a Terezinha tivesse um final feliz. O público hétero adorava a Terezinha de Jesus.

Por quê?

Pelo carinho e pelo respeito que o enredo levava as pessoas a terem pela personagem. Toda sua trajetória, desde quando ela é mandada para fora de casa pelo seu pai, porque é flagrada dando para o padeiro; depois ela é obrigada a se prostituir, até chegar aos palcos. A Terezinha fugia completamente do estereótipo *gay* da época. Em *Navalha na carne*, do Plínio Marcos, apesar de ter sido um espetáculo maravilhoso, o *gay* era o que fazia rir, depois ficava sozinho num canto. Terezinha não, ela sofria, mas tinha a glória. Dessa forma, acho que ela ajudou a quebrar preconceitos.

Em 1983, você também interpretou Carmen Miranda em uma peça tua.

Nesse trabalho, peguei a Carmen Miranda, que era uma personagem já existente, juntei com a experiência que tinha com Donana, que também era uma personagem mulher, e com a Terezinha, que se "montava" como mulher e andava de salto. Tive problemas com o viúvo da Carmen, David Sebastian, que me proibiu de fazer a peça porque ele não queria um homem fazendo o papel da mulher dele.

Até onde ia o poder dele sobre a peça?

Aqui no Brasil ele não tinha poder algum, a única coisa que não pude usar foi o nome dele na peça; em *Uma certa Carmen*, que era o nome do espetáculo, o marido dela se chamava Danny, e não David. A irmã da Carmen, Aurora Miranda, foi maravilhosa comigo e me deu carta branca para fazer a peça. Foram muitos problemas, mas, apesar disso, foi um trabalho que me deu muitas alegrias. O Clóvis Bornay, que era amigo da Carmen, disse que foi a primeira vez que tinha visto alguém imitá-la como realmente ela fazia, sem muitos exageros, e que, para ele, no palco, eu era a reencarnação da pequena notável.

A peça me deixou com muitas dívidas, tive de trabalhar muito com a Donana para pagar os prejuízos, mas valeu a pena.

Foi Donana que sustentou a Carmen?

Não só a Carmen, como muitas outras depois [risos]. Só que com a Carmen eu ganhei outro título, o de escritor de peças *gays*.

Fale um pouco de Donana.

A Donana é meu carro-chefe, é uma personagem que eu faço há trinta anos e que me deu muitas alegrias. Outro dia, depois de uma apresentação, veio um homem até o camarim e disse que seu pai o havia levado a assistir à Donana quando ele ainda era garoto, e que agora ele estava trazendo seu filho. Fiquei feliz com isso, foi muito gratificante.

E a peça Romeu e Romeu?

O romance *Romeu e Romeu* também teve a aceitação do público hétero. Tive jogo de cintura para que a peça, em 1985, fosse um "tapa na cara" dos preconceituosos. Exigi que os dois atores fossem bem másculos para as pessoas poderem tomar consciência de que dois homens podem se apaixonar. Eu queria que isso estivesse fora dos estereótipos *gays*, que aquela história de amor pudesse estar acontecendo com qualquer homem ou rapaz da família de quem estivesse assistindo ao espetáculo. Hoje muita coisa mudou, mas, para a época, aquilo foi muito importante. A peça fez muito sucesso. Lembro-me de que uma vez a fila dobrava o quarteirão e nós não tínhamos mais ingressos. Então a gente pegava os ingressos que já estavam na urna e vendia de novo [risos]. Ficou bastante tempo em cartaz, foi montada várias vezes aqui no Brasil, agora será montada na França. Tem também a peça *Acredite, um espírito baixou em mim*, que estreou em 1995 e agora será montada na Espanha.

Que chique! O tema também é gay?

Sim, é uma peça espírita com humor [risos]. É a história de um *gay* que está indo para uma festa e morre no caminho, em um acidente; quando chega ao céu ele quer voltar para a Terra de qualquer jeito porque não se conforma em ter perdido a festa com tantos bofes lindos. O espírito dele volta e "baixa" no corpo de um machão, o espírito se apaixona pelo cunhado do machão, e por aí vai. Imagine a confusão. No elenco estão Marília Pêra, Arlete Sales, Nany People; enfim, muita gente boa.

Atualmente você está com a peça As filhas da mãe, não é?

Estou com essa peça desde 1986, ela já teve vários elencos e sempre fez sucesso. Só que veio a novela da Rede Globo com o mesmo título e a mesma história, isso me chocou muito. Não processei o Sílvio de Abreu, mas processei a Globo.

Entrevistas

Ouvi falar que um tarado andou atrás de você na peça...
Em *As filhas da mãe* faço o papel da mãe, Diva Maria. E começou a acontecer uma coisa engraçada: sumiam as roupas íntimas da Diva Maria. Sumiam calcinhas, meias, o espartilho, coisas assim. Na verdade, era um tarado que sempre ia ao teatro e dava um jeito de entrar no meu camarim para roubar essas peças.

Dizem que nós temos um lado do cérebro que é feminino e o outro masculino. O que você acha?
Eu tenho dois lados e meio mulher! [risos] Falando sério, eu acredito que, como não assumi ser um travesti na vida, no meu cotidiano, então eu me realizo interpretando papéis femininos no palco. O preconceito é muito grande e, como travesti, talvez eu não conseguisse mostrar meu trabalho, quanto mais realizá-lo. Teria que batalhar muito para ser respeitado. Sem contar com a companhia de seguros que quer que eu faça um seguro das minhas pernas, pode? [risos]

DONA ROMA

Entrevista com Miguel Magno

O filme *Um dia de cão*, de 1975, conta a história real de um homem que assaltou um banco para pagar a operação de mudança de sexo de uma trans por quem ele estava apaixonado. O diretor do filme, Sidney Lumet, foi processado pela transexual retratada em sua obra por ter colocado um ator com figura masculina para interpretá-la. Naturalmente, o ator em questão não era Miguel Magno, que, apesar de ter um físico vantajosamente másculo, ao interpretar personagens femininos faz que esqueçamos o ator que está por trás, tamanha é sua alma feminina!

Miguel não ficou famoso no teatro por interpretar personagens transexuais, mas por dar vida a mulheres fantásticas. Mulheres trágicas, mulheres cômicas, mulheres assassinas, devoradoras de homens, todas ganharam vida no palco por sua força e carisma.

Há muito tempo esse artista com "a" maiúsculo encanta platéias e críticos de nosso país. Atualmente, com a curiosa personagem Dona Roma na novela *A lua me disse* (Rede Globo, 2005), Miguel mostra que não é só capaz de virar mulher. Ele é capaz de mais, muito mais... Entrevistá-lo me deixou emocionada.

Miguel, você está feliz com o papel de Dona Roma?
É um presentão, né? O Miguel Falabella e a Maria Carmem Barbosa me deram um grande presente. Digo isso porque eu nunca tive um papel em novela que fosse muito extenso, que entrasse em todos os capítulos, e agora a Roma é da trama central. A sinopse dizia que a Roma seria a figura central do beco da Baiúca, e quando eu vi as primeiras chamadas fiquei até emocionado.

Se bem que sinopse não diz muita coisa sobre o futuro de uma personagem, tudo depende do ibope e do *group discussion*, que são aquelas senhoras que discutem o que lhes agrada ou não. É isso que faz que muitos personagens cresçam, enquanto outros até desaparecem no desenrolar da novela.

O que esse group discussion *acha de Dona Roma*?
Segundo consta, o índice de rejeição de Dona Roma é zero. Dizem que ela é muito querida, o que me deixa lisonjeado.

Você acredita que essa aceitação se dá pelo roteiro ou pela sua composição da personagem?
Eu acho que estou em cima de um bom material. O Miguel e a Maria Carmem me entregaram cenas muito legais e com textos de uma embocadura fabulosa. Não só para mim, como para todos os atores, e assim fica fácil atuar, fica muito gostoso mesmo.

Você acha que a sociedade evoluiu em relação à temática homo?
A prova de que a sociedade evoluiu é a vitória do Jean Wyllys no *Big Brother Brasil* (2005). Bastou ele se assumir para ser atacado por todos aqueles trogloditas, mas a sociedade tomou as dores do Jean e mudou o quadro.

A semana que antecedeu a Parada foi mais um sinal de que houve uma "mexida" na sociedade a esse respeito. A cidade estava alegre, os hotéis cheios, os *gays* de mãos dadas na avenida Paulista. Isso aponta para uma maior tolerância que se confirmou no dia da Parada, com toda aquela gente simpatizante fazendo a festa.

O que você acha da representação dos gays na televisão?
Acho que a representação do *gay* está muito mais natural na televisão agora do que em 1989, por exemplo, quando eu fiz o Marvin Gay na novela *Top model*. Em razão do horário, no final da novela meu personagem teve de virar hétero e se casar com a prostituta da novela. E eu queria que ele terminasse com o personagem do Alexandre Frota... [risos]

Já A lua me disse *é um verdadeiro panfleto GLS, não é?*
Tem a Dona Roma, tem o Sandoval, que é assumidamente *gay*, tem o Coriolano e todos os seus amigos "bichoníssimas", e ainda tem a menina que joga futebol, que também não deixa de ser um comportamento atípico. O desejo do Miguel é terminar a novela na Parada [risos].

Dona Roma é travesti, transexual, cross-dresser ou o quê?

Pela intenção dos autores, o Amoroso (nome de batismo de Dona Roma) seria um adepto do *cross-dressing*. Ele sente prazer em usar roupas femininas. Como muita gente sabe, esse é um fetiche que muitos homens têm, independentemente de serem *gays* ou não, e existem até clubes para isso. Claro que por ser uma novela da Globo existe uma glamorização do personagem, então o Amoroso tem belas perucas, roupas boas, uma maquiagem caprichada etc. Não sei se os *cross-dressers* na realidade se preocupam com tudo isso.

Você sempre fez teatro?

Não, o teatro apareceu na minha vida de uma maneira inusitada. Eu namorava um garoto muito bonito, o Antonio Fernando da Costa Aguiar Negrini, que era o líder do Grupo de Teatro Orgânico Aldebaran. Eu fazia ciências sociais. Ele também falava muito nesse teatro que ele estava ensaiando. Nós tivemos uma briguinha e eu viajei. Quando voltei, o grupo havia estreado e eu fui ver a peça, que se chamava *A cidade dos artesãos*. Aquilo me deixou encantado e eu passei a freqüentar todas as sessões. Um dia, sem mais nem menos, um dos atores abandonou a peça. O pessoal do elenco ficou preocupado porque tinha espetáculo vendido. Então olharam para mim e disseram: "O Mi faz". Eu disse: "Faço!" Só que eu não conseguia soltar a voz, e durante os ensaios estávamos todos preocupados. Na estréia, quando eu entrei em cena e vi aquela multidão de olhinhos me acompanhando, fiquei louco! Eu falei altíssimo e foi ótimo. Só que inventei um monte de coisas que não estavam no texto, reagia a tudo e, na reunião depois do espetáculo, acabei criticado por ter roubado a cena [risos]. A Miriam Muniz, que estava na platéia e era a orientadora do grupo, disse que estava ótimo como eu fiz e que deveria continuar assim, para tristeza dos meus críticos, claro! [risos]

Ela foi sua madrinha?

Eu tive várias madrinhas. Uma foi a Miriam Muniz, outra foi a Regina Casé, que é minha amiga de muitos anos e sempre me valorizou e me colocou para cima. A outra é a Fernanda Montenegro, que quando assistiu a *Itália Fausta* veio me dizer ao meu ouvido que a gente tinha muito o que conversar. E é assim até hoje, quando preciso de uma luz recorro a ela. É uma bênção, um privilégio ter uma pessoa como ela acompanhando sua carreira, não é?

Você está bem de madrinha, não?
Estou beeeeeeeeem meeeeeeeesmo! [risos]

Sua carreira é muito rica. Quantas peças você já fez?
Eu fiz mais de trinta peças. Desde que comecei, não parei mais de fazer teatro. Depois de *A cidade dos artesãos*, fiz a primeira peça do Alcides Nogueira, e foi a primeira peça em que me vesti de mulher.

Você já fez vários papéis femininos durante sua carreira, não?
Vários. Fiz a Berta, que era uma enfermeira alemã muito má; fiz uma traficante chinesa nascida em Londres, absurda; teve a Itália Fausta, com quem me tornei pioneiro no estilo do teatro besteirol no Brasil. Mas o espetáculo que mais me orgulho de ter feito, sem falsa modéstia, foi *Hamlet*, dirigido pelo Antônio Abujamra. Depois eu trabalhei com a Denise Stoklos na peça *Um orgasmo adulto escapa do zoológico*. Nessa peça tragicômica eu fiz uma prostituta que mata seus agressores, cinco executivos que a estupraram, e ela arma uma vingança fantástica num texto maravilhoso do Dario Fo. Enfim, foram muitos trabalhos com papéis femininos.

A que você atribui essa sua tendência para interpretar mulheres?
Olha, Claudinha, se eu fantasiar, acredito que seja até uma missão, é uma coincidência fabulosa. Acredito que eles se encaixam na minha personalidade e minha embocadura como ator, e sempre gostei de papéis femininos. Aos 13 anos escrevi uma peça que se chamava *A sociedade proíbe*, e nessa primeira experiência como autor eu já introduzi a Dulcina de Moraes, que é uma figura mítica do nosso teatro. Sem cabotinismo, eu fiz sucesso fazendo papéis femininos, né?

O que você acha da situação atual do teatro no Brasil?
Acho que o teatro brasileiro está em processo de espera. Houve vários problemas com o teatro no país. Primeiro foi a censura que

podava a criatividade de nossos autores engavetando seus textos, e quando abriram essas gavetas os textos já não tinham tanta pertinência. Com a abertura, surgiu o teatro do besteirol, que dominou como estilo, e isso sufocou um pouco a criatividade dos autores. Está surgindo uma nova dramaturgia que está se patenteando com vários grupos e vários autores muito fortes, como Marcelo Lazzaratto, por exemplo.

Onde você nasceu?

Nasci em São Paulo, no bairro do Bexiga, rua Treze de maio. Também morei na rua Fortaleza, onde eu era vizinho de uma vila. Aprendi muita coisa e experimentei de tudo naquela vila, nossa! [risos]

E a vida pessoal... você está amando?

Estou amando muito. Ando ouvindo muito o disco da Alcione, *Faça uma loucura por mim*... [risos] Estou esperando que ele faça alguma coisa, entendeu?

Você está sendo correspondido?

Em matéria de afetividade, estamos apenas na fase do selinho, mão na mão, mão na coisa, coisa na mão... [risos]

Você teve muitos amores?

Muitos bailarinos passaram pela minha mão [risos].

Bailarinos especialmente, por quê?

Por simples coincidência houve uma seqüência de bailarinos na minha vida. Devo ter um pé na *Broadway*, ou talvez porque os bailarinos são sempre bonitinhos, com aquelas bundinhas durinhas... [risos]

Você tem algum recado para os jovens atores?

Aconselho que eles trabalhem muito e não fiquem em casa delirando com a carreira e a fama. Só se entra na mídia trabalhando, a mídia é uma conseqüência do trabalho e não o contrário. Tem de trabalhar, trabalhar, trabalhar...

Identidade de gênero

Guerrilha Travolaka

★

Sem armas e com muita bravura, a proposta de uma revolução necessária

Há anos que defendo a ambigüidade como identidade para as pessoas transgêneros.

Como no Ocidente a identidade de gênero é definida de acordo com o sexo biológico da pessoa, homem ou mulher, minha idéia raramente encontra respaldo. Porém, dia desses, recebi *e-mail* do coletivo cultural Espaço Impróprio, que, além de defender a ambigüidade, vai mais longe e propõe uma verdadeira anarquia dos gêneros.

Sinais dos novos tempos? Confira.

★ **Manifesto da Guerrilha Travolaka**

Na Guerrilha Travolaka, nós acreditamos no poder da visibilidade, de falar sobre nosso corpo, de nossa diferença e das mil e uma identidades que se escondem debaixo do mesmo rótulo: trans.

Queremos nos apoderar do gênero, redefinir nossos corpos e criar redes comunicativas livres e abertas para nos desenvolver, nas quais qualquer um possa construir seus mecanismos contra as pressões de gênero. Não somos vítimas, nossas feridas de guerra não servem como escudos. Diante da transnormatividade imposta por meio de uma moral médica restrita e de um sistema binômico, propomos novas formas alternativas de entender e construir o corpo. Não se trata de um terceiro sexo, já que não acreditamos num primeiro, tampouco em um segundo. Mesmo entendendo a utopia que isso propõe, queremos expressar livremente nossas identidades de gênero. Defendemos a dúvida, acreditamos no "voltar atrás" médico, como em um "seguir adiante"; pensamos que nenhum processo de construção deva ser irreversível. Queremos mostrar a beleza da androginia.

Acreditamos no direito de retirar as bandagens cirúrgicas para respirar; no direito de não mais arrancá-las; e no livre acesso a tratamentos hormonais sem a necessidade de certificados psiquiátricos.

Reivindicamos o viver sem permissão. Apoiamos ações diretas contra a transfobia. E para isso pensamos que há uma necessidade de redefinir os limites dessa fobia, de entender a existência de qualquer expressão de identidade de gênero não normativa, e não apenas o transexualismo.

Não acreditamos na disforia de gênero nem nos transtornos de identidade. Não acreditamos que somos loucos ou doentes, mas acreditamos sim na insanidade do sistema. Não nos classificamos por sexos, somos todos diferentes e independentes de nossos genitais, nossos lábios, olhos e mãos.

Não confiamos nos papéis burocráticos, no sexo legal; não necessitamos mencionar nosso sexo em nossa carteira de identidade. Não queremos que nos tratem como doentes mentais, porque não somos, e é assim que a medicina nos tem tratado há muito tempo!

Acreditamos no ativismo, na constância, na visibilidade, na liberdade, na resistência pela dignidade.

Não nos apresentamos como terroristas, mas sim, como piratas, trapezistas e guerrilheiros do gênero.

Identidade de gênero

Todos no mundo têm sua própria guerra, mas nem todos estão nos campos de batalha como nós, trans!

Pois é, acredito que as pessoas, de um modo geral, estão cada vez mais tomando consciência da liberdade de expressão e do que isso significa. Digamos não aos ditames opressores que só nos reduzem, como seres humanos criativos e inteligentes.

Bem-vindos à Guerrilha Travolaka!

Claudia Wonder

Do *Homo sapiens* ao Homem Trans

★

A transexualidade é apenas mais uma variante da natureza humana

Por muito tempo, a homossexualidade foi considerada um desvio sexual pela medicina. A partir de meados dos anos 1980, passou a ser definida apenas como uma orientação sexual e, em razão disso, grandes avanços foram alcançados pelos homossexuais. E o que um dia foi passível de prisão, hoje goza de liberdade.

As pessoas trans, no entanto, ainda são classificadas como anormais pela medicina. Algo que não consigo compreender. Assim como a homossexualidade, a transexualidade não seria mais uma variante da natureza humana? Para mim, nada mais verdadeiro que isso.

Uma possibilidade evolutiva, exposta por um homem chamado Cássio, em texto publicado em uma comunidade trans no Orkut, ilustra meu ponto de vista e pode ajudar a ampliar nossos horizontes de discussão:

> *Por que alguém nasce transexual, não sabemos, mas podemos refletir sobre o assunto.*
>
> *Como nunca vimos a natureza errar, podemos procurar entender seus motivos. Ao retornarmos aos primórdios da raça humana, vemos que, ao ficar ereto, o* Homo sapiens *tornou-se uma máquina de caça e de sobrevivência.*
>
> *De pé e com uma visão em cores, tinha mais facilidade em encontrar sua presa. Usando armas no confronto, não precisava travar luta corporal, portanto não se feria. Como não possuía pêlos, podia viver em qualquer clima. Assim o homem se tornou um campeão de sobrevivência entre os predadores. Mas tudo isso, por si só, não pode explicar o enorme sucesso dessa espécie.*
>
> *Embora chamemos de "Homem das cavernas" o ser humano desse período, na maior parte do tempo ele vivia como nômade em acampamento pelos campos, pradarias e estepes, onde as mulheres e as crianças permaneciam enquanto os homens saíam em busca de caça.*

Identidade de gênero

Ainda que o ser humano fosse o mais apto entre os animais, as fêmeas eram frágeis em termos de sobrevivência, porque atravessavam sua fase adulta permanentemente grávidas.

Sabemos que uma pessoa nesse estado não tem condições de correr, lutar, subir em árvores e ainda proteger sua prole diante de um predador. Sendo assim, como um grupo constituído por duas ou três mulheres, acompanhadas por seis ou oito crianças, conseguia se manter seguro evitando os grandes animais daquele período? Provavelmente a natureza lançou mão de um tipo de homem especial que preferia ficar com as mulheres a caçar, que possuía características de comportamento feminino, mas era forte o suficiente para lutar, além de apresentar o mesmo sentimento materno das fêmeas.

Talvez tenha sido o transexual quem guardava os acampamentos e garantia a sobrevivência da espécie humana.

Contudo, se mesmo assim ele fosse dizimado, o pequeno grupo familiar talvez não estivesse totalmente condenado à extinção, pois, com certeza, entre os caçadores, haveria uma mulher transexual, com muitas chances de se reproduzir.

Para muitos, a visão de Cássio pode parecer romântica, mas quem estudou biologia sabe que seu pensamento tem uma coerência lógica. E quem já leu sobre a história da homossexualidade sabe que em muitas tribos indígenas ainda hoje é assim. A pessoa trans assume naturalmente seu papel social no grupo de acordo com o gênero com que ela se identifica.

As variantes da identidade de gênero não são erros da natureza. E não precisam se adaptar aos dogmas de uma sociedade que considera gênero apenas o sexo biológico homem/mulher.

É imperativo reconhecermos que, assim como a sexualidade, a identidade de gênero varia em nuanças. Quem sabe a partir daí as pessoas trans poderão lutar pelos seus direitos de forma mais igual, sem a diferença entre o normal e o anormal, o sadio e o doente? Exatamente como aconteceu com os homossexuais.

Claudia Wonder

SÍMBOLOS E IMPOSIÇÕES

★

Pegue um bebê, vista-o com uma roupa azul e veja o que acontece; as pessoas o tratarão com energia, as brincadeiras serão agressivas e o chamarão de "meninão". Agora, pegue o mesmo bebê e vista-o com uma roupa cor-de-rosa. As pessoas o tratarão com carinho e as brincadeiras serão mais delicadas. Esse exemplo mostra de forma simplificada que os papéis de gênero masculino e feminino são construídos pela sociedade, e não determinados pela diferença biológica entre os sexos. Se você é menina, deve brincar de boneca; e se você é menino, deve brincar de caminhãozinho, jogar bola...

Seguindo a visão heterocentrista, a identidade sexual é a definição de ser homem e ser mulher, com base nas características biológico-genitais. Já a identidade de gênero é a autoclassificação como homem ou como mulher, por meio dos modelos culturalmente estabelecidos. Mas nós sabemos que a realidade é bem diferente. Eu tenho uma amiga que era homem, mudou de sexo e agora é lésbica. Existem *gays* bem machos e lésbicas extremamente femininas. Homens héteros femininos e mulheres héteros masculinas.

Identidade sexual, identidade de gênero, orientação sexual: creio que muito mais do que símbolos e imposições, ser homem ou ser mulher é um estado de espírito!

Identidade de gênero

Em Busca de Formas mais Harmoniosas

★

O preconceito contra os homens efeminados e as mulheres masculinas talvez seja um dos mais antigos do mundo. O pior é que, em razão da homofobia internalizada, esse preconceito vem mais da parte dos homossexuais do que dos heterossexuais. Já senti o preconceito dos meus "iguais" na pele. Era efeminado e, por não ser aceito nem pelos héteros nem pelos *gays*, me efeminei por completo e me tornei travesti. Nunca me esqueço da frase que disse quando, aos 22 anos, tomei a decisão: "Vou virar travesti para ser amado".

Comigo foi assim. Porém, a questão é: por que existem homens efeminados e mulheres masculinas?

Ser feminino ou ser masculina está ligado à identidade de gênero, e isso muitas vezes não corresponde nem ao sexo biológico nem à sexualidade da pessoa. O psicólogo Claudio Picazio, autor de *Diferentes desejos: adolescentes homo, bi e heterossexuais* (GLS, 1998), explica bem essa questão quando fala dos "quatro pilares da sexualidade". Um exemplo simples que ilustra essa questão é que existem muitos travestis que gostam de mulher.

Como a sociedade denomina o gênero de uma pessoa com base em seu sexo biológico, a discussão fica limitada nessa bipolarização de gêneros da qual a androginia não faz parte. Porém, a androginia sempre esteve presente na história da humanidade. Tanto que, na Grécia, como na Roma Antiga, os efeminados e as masculinas já se faziam presentes, como provam as estátuas de Koré, lindas ninfas com corpos musculosos de Adônis, e os famosos eunucos. Precisamos acabar com esse preconceito ridículo de que homem feminino e mulher masculina não são aceitáveis.

Há muito que venho lutando contra o "preconceito espelhado", pois minha experiência de vida mostra que são raríssimos os *gays* que não "dão pinta". Não estou falando da desmunhecação exacerbada dos personagens *gays* em programas humorísticos cujo objetivo é satirizar. Falo de uma diferença natural que a maioria dos homossexuais tem, seja no falar, seja no andar e até no olhar, que os difere da maioria dos homens heterossexuais. E que em nome de uma identidade social "aceitável" eles tentam a todo preço disfarçar.

Há pouco tempo, na Arábia Saudita, um grupo de homossexuais foi condenado a chibatadas e a meses de prisão por participarem de uma festa *gay*. Dois homossexuais do mesmo grupo tiveram suas penas multiplicadas por dez porque eram efeminados.

Ser efeminado, assim como ser masculino, é uma característica inerente à pessoa. Alguns conseguem camuflar, outros não. Prova maior é a dos dois *gays* árabes que, mesmo na iminência de uma condenação tão cruel, não tiveram como disfarçar, pois, se pudessem, com certeza o fariam.

Passei toda a minha infância e adolescência com as pessoas tentando corrigir minha feminilidade. Muitas vezes eu tentei, mas não adiantou. Foi mais fácil virar "mulher".

Acredito que lutar por uma cidadania plena começa em não se camuflar e aceitar a sua identidade. Temos de ser aceitos como somos, não da forma como nossos opressores desejam nos moldar.

Tenho o maior respeito pelos ativistas *gays*, mas acredito que eles deveriam começar a pensar mais sobre isso. Aliás, muitos ativistas pensam da mesma forma que a maioria e detestam efeminados. Conheço um célebre militante que se vangloria de ter conseguido, com muito esforço diante do espelho, uma atitude masculina.

Se quisermos mudar o mundo à nossa volta, temos primeiro que mudar o nosso próprio mundo interior, compreendendo-nos de verdade e por inteiro.

O professor Jean Wyllys, *gay* assumido que ganhou o prêmio de um milhão de reais na quinta edição do *reality show Big Brother Brasil* (Rede Globo, 2005), estava certo ao afirmar, em entrevista para a *G Magazine* (maio de 2005), que os travestis (leia-se também efeminados) estão na vanguarda da luta contra o preconceito, e que eles formam um escudo que protege os *gays* da hegemonia homofóbica. É assim, com a visibilidade das "transgressoras", que os *gays* mais parecidos com héteros se tornam mais "limpinhos".

Identidade de gênero

Jean provou saber das coisas, assim como o filósofo Richard Rorty, quando diz: "Não pergunte o que é ser masculino ou feminino, nem como podemos nos descrever enquanto homens ou mulheres. Pergunte como podemos buscar formas mais belas e harmônicas de vida".

Claudia Wonder

Histórias e agruras de uma criança trans

★

Lembro-me de que ainda não sabia o que era sexo quando sofri pela primeira vez o preconceito a esse respeito. Foi na saída da escola. Depois da aula, um grupo de crianças gritou: "O Marquinhos é mariquinha, o Marquinhos é mariquinha..." Em casa, perguntei aos meus pais o que significava aquilo, e a resposta foi enfática: "Homem que gosta de ser mulher, um sem-vergonha!", e acrescentaram ainda vários dos predicados que o preconceito atribui aos homossexuais.

No dia seguinte, meus coleguinhas me chamaram de novo de "mariquinha". Parti para cima deles com minha pasta de cadernos e bati com tanta força que, no dia seguinte, fui chamada na diretoria do colégio e levei a maior bronca. Mas, em compensação, os meninos nunca mais zombaram de mim.

Também nunca me esqueci da minha primeira professora. Não pelo fato de ela ter sido uma segunda mãe e ter me ensinado os primeiros passos escolares, mas sim por ela ter me traumatizado! Graças a ela, até pouco tempo eu tinha problemas para expressar minha opinião em público.

A dona Dulce gostava de corrigir os meus modos femininos, dizendo coisas do tipo: "Fale como homem" ou "Não fique nas rodinhas das meninas". Eu não entendia o que ela queria dizer, pois na minha inocência eu pensava: se eu tenho "pirulito", sou homem, então eu falo como homem. E se eu prefiro ficar com as meninas, é só porque não gosto do tipo de brincadeira dos meninos, apenas isso!

Realmente, ela não devia ter muita simpatia por aquele molequinho efeminado que eu era. Certa vez, ela pediu que eu ficasse em pé ao lado de minha carteira e respondesse a uma pergunta. Não consegui dar a resposta correta, então ela ordenou que toda a turma me vaiasse. Quando me vi passando por todo aquele vexame, tive um único impulso: corri até ela e mordi seu braço com todas as minhas forças. Antes não tivesse sido tão impulsiva...

Identidade de gênero

Dona Dulce contou ao meu pai o que aconteceu e pediu que ele tomasse uma atitude. Quando cheguei em casa, levei uma surra danada que me deixou com a bunda toda cheia de vergões. E no dia seguinte, ele me fez colher margaridas no jardim de casa para levar para a megera, e me obrigou a pedir perdão de joelhos! Quando ela estendeu o braço para pegar as flores, vi a marca dos meus dentes ainda cravada em sua pele. Na época foi *punk*, mas hoje, quando me lembro, sorrio docemente! Cômico, se não fosse trágico...

O fato é que todos os meninos efeminados têm histórias de vida muito parecidas, e muito cedo conhecem as agruras do preconceito. O filme *Minha vida em cor-de-rosa* (*Ma vie en rose*, 1997), do diretor belga Alain Berliner, retrata muito bem o sofrimento da criança que eu fui. Assisti oito vezes ao filme, e, em todas, chorei muito, pois tudo que se passa no filme com o garoto Ludwig também se passou comigo. O fato de vestir-se com as roupas da irmã, usar a maquiagem da mãe, os sapatos de salto e, principalmente, o amor à boneca. Tudo em comum!

A minha boneca era a Susi, imitação tupiniquim da Barbie americana. Mas uma tia do interior fez que a tirassem de mim e no lugar me deram uma bola. Lembro-me de suas palavras: "Isso não é brinquedo de menino!" Mas eu recuperei a boneca e passei muito tempo brincando com ela escondido. Aos 8 anos, lembro-me de que sonhava em ser *Miss* Brasil, não para ser a mais linda, mas sim para poder usar aquela linda coroa de *strass*. Lembro também que, com essa idade, me apaixonei por um garoto que vi no ônibus, decidi que ele seria meu príncipe encantado e dei-lhe o nome de Johnny.

Mamãe brigava comigo por eu usar suas roupas e as da minha irmã. Papai nunca dizia nada a esse respeito, me lembro apenas de seu olhar contemplativo. Todas as noites ele lia a Bíblia. Um dia, me disse: "No princípio do fim do mundo, homens e mulheres inverterão os papéis". Acredito que meu pai sempre soube que eu era diferente e que, um dia, a confirmação da minha feminilidade viria à tona. Tanto que, quando eu, aos 16 anos, assumi minha transexualidade, ele disse: "Não podemos fazer nada, ele não é o único". Mesmo assim, me levaram ao psiquiatra para ver se mudava meu comportamento.

Lembro-me das palavras do doutor ao me examinar: "Esse menino tem deficiência hormonal e precisa de um tratamento à base de hormônios masculinos. Porém, não curo homossexuais e, se realmente ele for, a única coisa que posso fazer é ajudá-lo a aceitar-se como tal".

Sábias palavras daquele médico, mas o fato é que o tratamento à base de hormônios masculinos não aconteceu. Quando minha mãe me levou à farmácia para tomar a segunda dose, eu, em mais um impulso, quebrei a caixa com todas as injeções. Lembro-me do farmacêutico apavorado, dizendo a minha mãe: "Esse menino não tem jeito!" O que ele não imaginava é que eu já tinha a consciência de que com os hormônios masculinos eu ficaria musculoso e peludo, mas minha maneira de ser e sentir não mudaria. Então quebrei tudo num gesto que, hoje, refletindo um pouco mais, ouso chamar de "técnica natural de sobrevivência".

Quantos Ludwigs e quantos Marquinhos ainda sofrem por aí pela falta de compreensão e pelo preconceito? Muitos com certeza. Mas com a mesma certeza eu posso afirmar que nada os fará mudar, nem professoras, nem titias, nem médicos. Assim como aconteceu comigo, é a verdade sobre si mesmo que acabará prevalecendo.

E, com certeza, isso não é o fim do mundo!

T-Lovers, Homens que amam Trans

★

A curiosidade em torno desses homens é grande, e o preconceito também. Veja aqui depoimentos esclarecedores

Considerados pela maioria das pessoas como possuidores de um obscuro comportamento sexual, os amantes de travestis formam um ponto de interrogação na cabeça de muita gente.

Para alguns, eles são *gays* enrustidos; para outros, são maníacos sexuais, ou ainda, estereótipos do machão troglodita tipo "bronco", que buscam nas travestis a mulher-objeto.

Muita coisa se diz, mas pouca coisa se sabe sobre os amantes da androginia, agora chamados *T-lovers*. Os mais visíveis são os clientes que há muito tempo sustentam com suas fantasias e dinheiro o que aqui podemos chamar de "mercado do terceiro sexo".

Com seus carros em marcha lenta eles fazem o circuito dos *points* de prostituição de travestis não só das capitais do Brasil, como também os de outras capitais do mundo, em uma verdadeira ciranda erótica que já chegou até a ser retratada em filmes como *Tudo sobre minha mãe* (*Todo sobre mi madre*, 1999), de Pedro Almodóvar.

Na *web* existem vários *sites* voltados ao culto dos transgêneros, nos quais homens e rapazes confraternizam entre si e idolatram seu objeto de desejo. Para eles, as T-gatas. Mas nem só de clientes e adoradores vive o mundo amoroso das trans. Existem aqueles que assumem sua paixão à luz do dia e, na medida do possível, levam a vida a dois como qualquer outro casal. Tive dificuldade em concluir essa matéria. Os obstáculos partiam das próprias trans, que não queriam ver seus namorados expostos na mídia. Isso mostra que em muitos casos o preconceito é internalizado. Mas, como nem todo mundo tem medo do espelho, tomamos depoimentos corajosos de três homens que vivem maritalmente com travestis.

Na tentativa de mostrar a realidade e talvez iluminar nossos olhos sobre esse universo tão pouco explorado, eles expuseram seus pensamentos e desejos. Em razão do preconceito existente a esse respeito em todas as esferas da sociedade, assumir a paixão por uma trans não é tarefa para qualquer um.

★ A vida como ela é

Luiz Cláudio, 33, já foi casado durante onze anos e é pai de três filhos, mas declara que sempre sentiu atração por travestis, tanto que sua primeira relação do gênero foi aos 15 anos. Embora nunca tivesse pensado que poderia se apaixonar por uma trans, vive um caso de amor há três anos com Ravena, que tem 21. Define Luiz Cláudio: "Foi amor à primeira vista, em uma semana a gente já estava bem íntimo. Para mim não há diferença entre amar uma mulher e amar uma trans, o amor é igual. Não me sinto *gay* por estar com ela, sou ativo e, como digo sempre, gosto dela como mulher".

Como ela é profissional do sexo, para ele não é fácil viver essa situação por causa do ciúme. Mas como o que ganha como motorista de caminhão é pouco, pelo menos por enquanto tem aceitado.

"Eu não queria isso para ela. Gostaria de poder lhe dar uma vida melhor em que ela pudesse estudar e trabalhar. Por enquanto, vou levando, mas pretendo, um dia, dar o conforto que ela merece sem precisar 'fazer a rua'. Ela é muito independente e gosta de coisas caras, que eu, infelizmente, no momento não estou podendo dar", lamenta-se.

Situação parecida, porém resolvida mais facilmente, viveu o empresário Marcelo de Moura Profile, 42, quando assumiu seu amor por Bruna, uma bela trans de 37 anos.

Quando a conheceu, há dez anos, ela era prostituta. Depois de um ano e meio de namoro, e de ter se divorciado de sua esposa, decidiram viver juntos. Marcelo, que é dono de uma metalúrgica, assumiu as finanças do casal para que Bruna mudasse de vida e viesse a trabalhar como costureira. Coisa que faz até hoje.

Mas como nem tudo na vida são rosas, e todo tipo de amor que transgride tem seu preço, o começo da relação foi bem difícil. Não entre o casal, mas pela não-aceitação dos pais de Marcelo, como

Identidade de gênero

explica: "No começo foi muito difícil, porque eu sempre fui uma pessoa muito ligada à família, e meus pais, quando souberam, não queriam nem ouvir a voz dela ao telefone. Imagine, eu estava com 33 anos, pai de uma filha de 7. Quando, digamos, 'saí do armário' meus pais enlouqueceram!"

A não-aceitação da família do homem é uma realidade. Porém, em alguns casos, ela vem por parte da família da trans. Um exemplo é o do jornalista Gustavo Ranieri, 22, que vive com a maquiadora Fábia, de 25 anos. Afirma Gustavo:

> *Tive receio no começo, mas para minha surpresa nunca houve problema algum com meus pais a esse respeito. Hoje minha mãe é uma segunda mãe para a Fábia, porque infelizmente sua mãe, que é evangélica, não a aceita. Apesar disso, ela acabou me aceitando por me achar trabalhador, dedicado; enfim, todas essas coisas que uma mãe espera de um relacionamento para suas filhas.*

Para quebrar preconceitos é preciso conhecer o assunto, refletir sobre ele; e, muitas vezes, a melhor forma para isso acontecer é com a convivência. Foi o que aconteceu com os pais de Marcelo, que a princípio não queriam nem ouvir a voz de Bruna, mas hoje a tratam como filha. E sua filha, hoje com 15 anos, a trata como mãe. Juntos, levam a garota para discotecas, vão buscá-la, saem para passear, como qualquer outra família. Marcelo relata ainda mais:

> *Apesar de a Bruna ter um sexo masculino, para mim ela é uma mulher, sua aparência é extremamente feminina, quem a conhece sabe que não estou mentindo. Considero-me homossexual mesmo não sendo passivo, pois ela é do sexo masculino. No mais, somos um casal hétero, marido e mulher. A maioria das pessoas que nos conhece nos respeita. E para aqueles que acham que nossa relação não é uma coisa normal, eu pergunto: O que é normal? Acredito que o grande segredo para essa aceitação seja o modo como agimos no cotidiano, de maneira o mais natural possível. A Bruna vai me visitar na fábrica sempre que quer, sem problemas. Meus funcionários a conhecem, sabem que ela é uma pessoa diferente, mas a respeitam como minha esposa. Temos uma vida calma, não freqüentamos boates, preferimos restaurantes e as casas de nossos familiares e amigos.*

★ Vida social

A vida social é importante para qualquer relacionamento, mas às vezes o preconceito internalizado das próprias trans impede que o casal tenha uma vida social satisfatória. Como é o caso de Luiz Cláudio e Ravena. Cláudio, com seu sotaque típico paulistano, afirma:

A gente vai à praia e fica em barzinhos. Eu gostaria de ir com ela nas danceterias, mas ela não quer, tem vergonha e medo da discriminação. Por mim, não vejo problema algum, encaro numa boa. Se as pessoas têm alguma coisa contra, o problema é delas, para mim é normal. Só não gosto que mexam com ela. Uma vez um cara passou a mão, eu não gostei e parti pra ignorância, mas foi porque ela estava vestida muito provocantemente. Agora só sai comigo vestindo roupa discreta. Adoro sair com ela para onde quiser.

O jornalista Gustavo também não vê problema algum em sair de mãos dadas com Fábia, seja onde for, e explica: "A sexualidade para mim nunca foi um problema, nunca busquei saber se eu era uma coisa ou outra. O que interessa para mim é o sentimento. Na verdade eu gosto é da feminilidade; se a mente for feminina, não importa o físico".

O desprendimento de Gustavo chegou a causar inveja em algumas mulheres, "amigas" de Fábia, que chegaram a comentar que um rapaz como Gustavo deveria estar com uma mulher, e não com uma trans. Intrigas à parte, Gustavo assume seu amor e dá sua opinião sobre quem não o faz:

A princípio a travesti atrai o homem pelo lado sexual, porque, em uma visão machista, acham que toda trans é uma pessoa predisposta a transar. Acredito que todo homem que sai com trans, no fundo, gostaria também de se realizar afetivamente com elas, mas, por medo da sociedade, não assume, se torna cliente, paga para não ter compromisso sentimental, passando a viver baseado em mentiras. Se a pessoa não assume sua realidade, nunca poderá ser feliz.

Identidade de gênero

★ O amor é tudo

Indagado sobre o que pensa dos homens que gostam de travestis mas não assumem, o apaixonado Marcelo dá seu recado e declara seu amor:

> *O homem que tem esse sentimento pelas trans e não assume vive numa situação de enrustimento e angústia. Será um eterno frustrado e nunca será feliz. Meu recado é deixar rolar esse sentimento e ser feliz. Também gostaria de ser visto como uma pessoa qualquer, que tem uma orientação sexual diferente, mas que tem muito em comum com as pessoas ditas "normais". Para mim a Bruna é tudo!*

Sim, o amor é tudo. Para o motorista Luiz Cláudio, não é diferente.

> *Desde que ficamos juntos, já passamos por coisas boas e ruins, como qualquer outro casal. Já passamos por necessidades, cheguei a dormir no chão para poder ficar junto dela. Mas também já viajamos várias vezes juntos e tivemos momentos maravilhosos. O preconceito é uma coisa muito ruim, tudo é levado para o lado machista. Acho que os machistas deveriam olhar para a travesti com outros olhos, abrir seu coração e vê-la com mais carinho, não somente como objeto sexual, mas como qualquer outra mulher, que também tem coração e é capaz de amar. Só que com uma vírgula a mais!* [Diverte-se Cláudio.]

Acima de qualquer conceito sexual, podemos notar, nesses depoimentos, que esses homens amam o feminino e que também não estão preocupados com o que os outros possam pensar pelo fato de viverem outra forma de amor. Como qualquer um de nós, estão à procura da felicidade, que para eles é ao lado da mulher amada. Não importando qual sexo ela tenha. E como nada no mundo é ímpar, o yin tem o yang, o mal tem o bem, o dia tem a noite, e a trans tem o... *T-lover!*

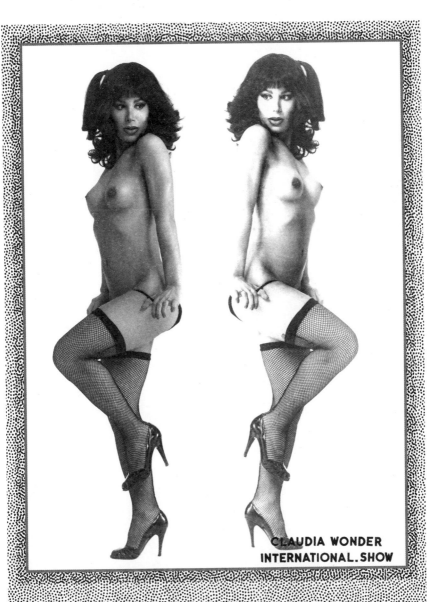

Outras histórias

O cavaleiro e a trans

★

Nietzsche disse que o homem ama o desejo e não a pessoa desejada. Se pensarmos nas vezes em que fomos desejados, conquistados e depois abandonados, talvez o filósofo tivesse razão. Existem pessoas que não medem esforços para uma conquista. Depois do objetivo alcançado, no entanto, a "vítima" pode considerar-se abandonada, porque no dia seguinte o conquistador nem lembra seu nome. Boates, locais de pegação, *chats* da internet, MSN e Orkut são terrenos férteis para esse tipo de "predador". Mas, na verdade, eles estão em toda parte. Comigo mesmo já aconteceu várias vezes, e uma delas de forma tão surpreendente que nunca mais esqueci.

Uma vez eu estava saindo de casa e vi, do outro lado da calçada, três soldados da cavalaria. Um deles sorriu e me cumprimentou. Respondi educadamente e, conhecendo o histórico da polícia com as trans, que não é lá dos mais amigáveis, fiquei confusa quando percebi que ele estava flertando comigo. Apesar de a situação me deixar moralmente excitada, pelo fetiche que carrega um cavaleiro fardado, não dei bola e segui meu caminho. Pra quê? Não demorou e ouvi o barulho das ferraduras no asfalto. Era o soldado me seguindo na contramão dos carros, acompanhado dos colegas. Para meu espanto, quando me alcançou, pediu meu telefone.

Na época eu morava na rua Bela Cintra, região movimentada de São Paulo, e não acreditei que o soldado estava literalmente parando o trânsito só para me cortejar, com todas aquelas pessoas abismadas assistindo à cena. Mesmo lisonjeada, não disse uma palavra. E continuei andando. Fiquei "travada", num misto de encantamento e perplexidade. O constrangimento era tão grande que entrei na primeira loja que vi. A vendedora me recebeu com um sorriso doce nos lábios, dizendo: "Que sucesso, hein?"

Fui para os fundos da loja e lá fiquei por um momento, na esperança de que o soldado desistisse do seu intento. Ledo engano. Quando saí, lá estavam os três um pouco mais acima, me esperando como se fossem meus guardiões. Não teve jeito, enquanto não dei meu número, ele não desistiu. E para minha grande decepção, nunca ligou! Passei dias olhando para o telefone, acreditando que estava vivendo um "conto de fadas" pós-moderno.

Tolice! Muitas vezes nós não somos o real objeto de desejo do nosso conquistador, somos apenas o fio condutor para que ele sacie a sua sede de desejar. Exatamente como disse o filósofo alemão.

Outras histórias

A falsa alegria do carnaval

★

Foliões se desnudam de regras e tabus e, com fantasias, mudam ou perdem sua identidade

Semana passada estive na casa de uma amiga e, quando entrei, tive a impressão de estar em um barracão de escola de samba, tantas eram as plumas espalhadas pelo apartamento. Fora os "quilômetros" de *strass* que cintilavam por toda parte.

Bruna estava dando o toque final em sua fantasia para o desfile de uma escola em que sairá, fazendo o papel de domadora, cavalgando uma pantera! Será um momento de magia, luxo e alegria.

Lembro-me de uma marcha de carnaval que gostava muito de cantar quando era criança. A letra dizia: "Angústia e solidão / Um triste adeus em cada mão / Lá vai meu bloco, vai / Só desse jeito é que ele sai..." Podem achar amarga, mas acredito que essa letra mostra bem a falsa alegria do carnaval, especialmente a das travestis. Muitos acham que a vida de uma trans é um eterno carnaval.

É que, no imaginário da maioria das pessoas, travesti é sinônimo de sexo, fantasia, exageros, de brilho, de canto e dança, de luxo, pecado e alegria. Exatamente como acontece no carnaval, em que, nos três dias de folia, os mascarados se permitem tudo, ou quase tudo.

Não quero dizer que nós, trans, somos um bando de mascaradas, mas, por não termos uma identidade de gênero reconhecida socialmente, carregamos, simbolicamente, a máscara do homem disfarçado de mulher, ao contrário de outras culturas de alguns países do Oriente, como já citei em outros artigos. Infelizmente, essa falta de identidade muitas vezes se reflete em nossa vida de forma desastrosa, fazendo que percamos totalmente nossa auto-estima.

A título de ilustração, ouso interpretar um trecho da crônica de Arnaldo Jabor, "O travesti na terceira margem do rio", quando ele fala sobre a falta de pudor daqueles travestis que ficam nus nas esquinas: "Quem está nu na esquina, o homem ou a mulher no travesti? Ele não tem identidade, portanto ninguém está nu". E termina o texto dizendo: "mas todos somos travestis: 'maus' vestidos de 'bons', idiotas vestidos de sábios, egoístas de generosos, bichas de machões. O travesti nos fascina porque assume a verdade de sua mentira". Seria poético se não fosse real.

Mas a verdade é que, na folia do carnaval, todo mundo se desnuda das regras e tabus e, com fantasias, muda ou perde completamente sua identidade. E é justamente por isso que as trans têm um espaço garantido no carnaval.

O único baile televisionado a noite inteira para milhões de brasileiros é o baile *gay*. Nele, quem mais aparece são as trans, umas pelo luxo, outras pela chacota. O corredor de curiosos na porta do baile é imenso, e o ibope do canal que transmite o baile estoura. Mas, na realidade, as trans são mostradas sem censura no carnaval pela fantasia e pela liberdade sexual que elas representam, e também por encarnarmos a liberdade interior, que só se conquista sendo o que se é e fazendo o que se gosta.

Não quero dizer que isso não seja legal; ao contrário, isso é ótimo, porque é justamente esse o fascínio a que Jabor (de modo um tanto desajeitado) se referiu ao finalizar seu texto. Como a maioria das pessoas reprime sua sexualidade, a exposição das trans no carnaval se transforma em reduto libertador. Então, o carnaval para nós, trans, é só sucesso, os holofotes acesos, os aplausos, os risos, e muito da tal alegria. Eu mesma saio como destaque em três escolas de samba neste ano e garanto que vou desfilar com muita alegria!

Mas, na Quarta-feira de Cinzas, quando voltar à realidade e pensar nas conquistas que ainda teremos de alcançar para desfrutarmos da real alegria que se chama dignidade, a música que vai tocar é a mesma da minha infância: "Angústia e solidão / Um triste adeus em cada mão / Lá vai meu bloco, vai / Só desse jeito é que ele sai...". Mas nisso não tem nada de amargura, apenas um toque de realidade. Afinal, pelo menos a nossa liberdade interior já foi conquistada. E como minha amiga Bruna exclamou ao colocar sua fantasia: "Ser travesti é gostoso!"

O PRIMEIRO BAILE DE TRAVESTIS DO BRASIL

★

Foi em 1757, escandalizando o Rio mas "fazendo a festa" de oficiais franceses

Adoro história, e aprendi que saber sobre o passado faz que eu entenda melhor o presente. Por isso, às vezes, passo horas na internet pesquisando sobre os GLBT na história.

Nessas minhas navegações épicas fiquei sabendo de reis e rainhas homossexuais, imperadores e papas travestis, e mais uma série de histórias que nos dizem respeito. Uma delas é a do primeiro baile de travestis do Brasil.

Em 1733, Gomes Freire de Andrade assumiu o governo da capitania do Rio de Janeiro e incumbiu o engenheiro brigadeiro José Pinto Alboim de preparar a nova sede da capitania.

Dez anos depois, o conjunto arquitetônico foi inaugurado no local onde hoje está o paço da Praça XV.

O governador tinha muito orgulho do prédio que mandara construir e não perdia a oportunidade de mostrá-lo a convidados e autoridades. Uma dessas oportunidades ocorreu em setembro de 1757, quando ofereceu um baile aos oficiais franceses da esquadra do conde d'Aché, que fazia visita oficial à cidade. O conde francês havia recepcionado Gomes Freire a bordo de um de seus navios, e o governador, polidamente, convidou-os para jantar na Casa do Governo, em retribuição à gentileza.

Nesse ponto os relatos não são muito claros, mas tudo indica que o francês pediu a Gomes Freire que oferecesse um baile em vez de um jantar. Sabe como é, os rapazes, há tanto tempo no mar, certamente apreciariam muito usufruir a presença feminina. O governador concordou e marcou dia e hora para a festa.

Ocorre que naquele tempo, numa cidade provinciana como era o Rio de Janeiro, as mulheres não circulavam livremente na rua, e quando o faziam, em alguma necessidade, era com seus maridos ou suas mães. No máximo iam à missa no domingo, e sempre acompanhadas. A restrição se tornou ainda mais rigorosa quando os cariocas souberam da chegada dos franceses e da proximidade do baile; trancaram em casa as fêmeas de todas as idades.

O governador não se desesperou. Quando os franceses chegaram à Casa do Governo festivamente decorada e com a orquestra tocando animadamente, não encontraram as tão desejadas mulheres, e sim dezenas de rapazes travestidos. Interpelado pelo conde, Gomes Freire explicou que o povo não permitira a saída das mulheres para a festa, e esperava que "eles se contentassem com o que pudera conseguir". Consta que os franceses ficaram decepcionados, mas nem por isso desistiram do baile, que correu animadíssimo, com muito riso e dança até quase o dia raiar. Parece que se contentaram.

Os travestis eram jovens grumetes (espécie de aprendiz de marinheiro) brasileiros "convocados" à força para a ocasião.

Pelo que vimos, o "jeitinho" brasileiro vem de longe, não é mesmo?

Mas a pergunta que não quer calar é: será que os franceses e os travestidos ficaram só no minueto ou depois da festa partiram para os "finalmentes"?

Brincadeiras à parte, essa história mostra que a flexibilidade moral do brasileiro vem de longe quando o assunto é sexualidade ou autoridade.

Afinal, nessa época estávamos sob plena subjugação da Inquisição, período em que homossexuais e travestis eram perseguidos e severamente castigados pela Igreja católica. Precisa refletir?

Agradecimentos a Celso de Martin Serqueira, do *site* www.serqueira.com.br.

Outras histórias

Transexualidade e o III Reich

★

Arrepiante é uma palavra no mínimo suave para classificar um dos episódios de um filme-documentário sobre transexualidade a que assisti na TV francesa. O documentário, realizado em 1977, mostra três depoimentos, um mais pungente que o outro. Desses, o que mais me deixou "passada" foi o de uma senhora transexual, com mais de 60 anos de idade, que, com a voz embargada, relatava sua insólita e terrível história.

Durante a Segunda Guerra Mundial, Jean-Luc era um jovem soldado francês, casado e pai de uma linda garotinha. Capturado pelas tropas de Hitler, foi levado para um campo de concentração, onde foi submetido a uma bateria de exames e, em seguida, a um "tratamento" com injeções à base de hormônios femininos, que ele só veio descobrir o que era bem mais tarde. O "tratamento" era acompanhado por uma verdadeira lavagem cerebral, que se estendeu por quase dois anos. Jean-Luc foi se transformando em mulher sem nunca ter desejado ou sequer cogitado isso.

Eu me pergunto: o que queriam os médicos nazistas que praticaram esse e outros horrores, que classificavam como "experiências"? Será que a transexualidade já fazia parte da fantasia masculina daquela época, ou essa idéia sempre existiu no imaginário humano? Até onde pretendia chegar a bestialidade humana que, sob o nazismo, se mascarava como "experiência científica"? Afinal, não foi esse mesmo regime que reprimiu com tortura e morte todos aqueles que, como nós, adotaram espontaneamente um comportamento sexual divergente? A resposta para essas perguntas vai ficar sempre pairando no ar.

Jean-Luc foi obrigado a continuar vivendo como mulher, pois, segundo ele mesmo, o feito foi irreversível. Para sua família, ele morreu na guerra. Na época em que foi realizado o documentário ele se chamava Maria André e trabalhava como enfermeira.

Pobre soldado francês, que teve sua identidade violada e sua vida interrompida pela loucura de Hitler, ícone máximo do regime

97

nazista, que, para nosso horror e espanto, continua tentando se reproduzir em clones baratos como Bush, Bin Laden e Saddam, que são idênticos na ânsia por reprimir, matar e destruir, capazes de nos atirar em um mundo de trevas.

O valor da amizade

É impressionante a quantidade de mensagens que circulam no Orkut com textos e frases exaltando a amizade. Exemplo:

> Oi, amigo. Como não posso te abraçar, gostaria de pelo menos estar presente no teu dia-a-dia e expressar a felicidade que tenho de ser seu amigo. Hoje em dia devemos realmente estar o máximo que podemos próximos dos amigos... Quando escrevi isso para você não poderia imaginar tocar tão fundo, mas a realidade é uma só; precisamos sempre de quem nos cerca e amamos. Portanto, sorria sempre e espante a dor e a solidão, e quando quiser bata procurando por mim, seu eterno amigo.

Em seguida vem o desenho de um bichinho pedindo que você clique em cima, o que vai te direcionar a um *site* qualquer com um cartão de amizade e tal... É cômico receber mensagens tão profundas de pessoas que você nunca viu. Claro que deve ser muito bom ouvir isso de um amigo; mas, cá entre nós, algum amigo já te fez esse tipo de declaração?

Para mim, nunca! Tenho amigos de longa data, mas até hoje nenhum deles se declarou de forma tão piegas. Será que a palavra amizade está perdendo seu real sentido e valor?

A meu ver, a verdadeira demonstração de amizade está em gestos simples e espontâneos. Sem querer imitar "orkutianos", posso dizer que a verdadeira amizade é uma espécie de amor sem sexo. Que o amigo verdadeiro só faz críticas construtivas, não tenta te derrubar e te aceita como você é, porque admira suas qualidades e não dá muita atenção aos teus defeitos.

O amigo verdadeiro é aquele que não te abandona quando a barra pesa. Quando você tem grana e saúde, é fácil ter amigos; mas quando você está em um hospital, ou levou uma rasteira da vida e perdeu tudo, só o verdadeiro amigo fica do teu lado, segura a tua mão e diz: "Calma, tudo vai dar certo". O verdadeiro amigo é aquele que continua ao teu lado quando todo mundo já se foi.

Claudia Wonder

Amigo de verdade te acompanha mesmo estando longe e fica feliz com o teu sucesso. Ele diz o que pensa sem querer te ofender e toma todo cuidado para não parecer superior. Ele se "espelha" em você, quer ser igual a você. Não quer estar acima, mas lado a lado com você. Ele não te abandona na balada apesar de tua chatice decorrente do porre que você tomou. Fica ali ouvindo carinhosamente as baboseiras que você diz e, com certeza, vai rir delas com você amanhã. O verdadeiro amigo não some quando arruma um namorado: quer que você participe de sua felicidade. E quando você arruma um namorado, torce pra que tudo dê certo e vira até conselheiro sentimental em caso de briga, visando sempre à tua felicidade. A verdadeira amizade não precisa de mensagens públicas para você lembrar que ela existe. Você sente sua consideração e a história da relação mostra quanto essa amizade é sincera. Você concorda?

Dedico este texto a você que me acompanha, que me entende, me apóia, que me dá colo quando eu preciso e que briga do meu lado. Que não apenas ri comigo, mas também chora comigo. Dedico este texto a você que sabe e sente que é minha (ou meu) amig@!

Outras histórias

samba, alegria e preconceito

Quando a sexualidade ganha mais importância do que a essência

Estamos no mês de abril, o carnaval já passou, e falar sobre esse assunto parece fora de época. Mas como o preconceito contra a diferença não escolhe data, e quando acontece com a gente fica muito tempo em nossa memória, gostaria de desabafar aqui sobre o que aconteceu comigo este ano...

Fui convidada pela novíssima escola de samba Acadêmicos de São Paulo para ser destaque de seu primeiro desfile. Sendo a primeira escola de samba universitária do Brasil, é formada por estudantes e professores da USP, da Unicamp, do Mackenzie, entre outras universidades paulistas.

Uma das propostas da escola é celebrar a diversidade, e para isso criou até um fato histórico no carnaval brasileiro: trouxe para a avenida o primeiro rei de bateria em uma escola de samba. O enredo escolhido foi: "Abram alas que a academia vai passar, somos da lira, quem pode negar?", numa referência explícita à compositora Chiquinha Gonzaga. E convidaram-me para representá-la.

Nada mais honroso para uma trans do que representar uma mulher, que, além de grande musicista, é figura tão importante no movimento feminista do Brasil. Por ser uma escola nova, o desfile não aconteceu no sambódromo, mas deu o grito de carnaval paulista no evento Pholia, no Memorial da América Latina.

Ao chegar à concentração, o presidente da escola, Denis Albert, me levou diante da escola e comunicou-me que eu não sairia mais como destaque, mas ia apresentar a escola ao lado do veterano do carnaval paulista Nilson Rodrigues. Quando me vi à frente de todos vestida de Chiquinha Gonzaga, senti literalmente a responsabilidade de ser um abre-alas.

Esqueci-me de mim e passei a ser o samba, não no pé, mas no coração! Debaixo da garoa fina, típica da capital paulistana, desfilamos para uma platéia entusiasta, e, no final, os aplausos do

101

público e a alegria dos componentes confirmavam que tínhamos feito um bom desfile.

Fui chamada para dar entrevista para um canal de televisão e o jornalista me recebeu eufórico, elogiando meu sucesso. Eu agradeci, mas, quando ele ouviu minha voz e percebeu que eu era uma trans, esfriou como uma pedra de gelo. Na mesma hora me deu as costas e começou a entrevistar as outras pessoas. Falou com todo mundo, menos comigo, e saiu. Respirei fundo e fui me sentar. Logo veio a mim um senhor com uma faixa de "Embaixador do Samba", que me reverenciou e beijou minha mão, elogiando minha apresentação. Mais tarde, ele também deve ter "descoberto" que eu era uma trans, porque, ao sair, se dignou a dizer como se eu fosse o mais macho dos homens: "A gente se tromba por aí!" Engraçado? Não fiquei triste por não ter falado diante das câmeras ou porque o tal senhor deixou de me tratar como uma *lady*, mas sim porque, para o jornalista, o fato de eu ser trans desmereceu todo o meu desempenho na avenida, e, para o tiozinho, eu não passava de um impostor que ousou enganá-lo.

Acredito, porém, que o que aconteceu vai fazê-los refletir de forma positiva. Acho que o movimento *gay* deve seguir o exemplo da Acadêmicos e levar a diversidade para dentro de outros segmentos sociais, a fim de minimizar a ignorância. Assim como eles estão fazendo nas comunidades universitária e do samba. E eu vou fazendo a minha parte, como a Chiquinha Gonzaga fez. Abrindo alas para o futuro passar, porque a batucada da vida continua!

Outras histórias

NaTaL Trans

Parece que foi ontem que desmontei minha árvore com bolinhas multicoloridas do último Natal. Apesar de não gostar de Noel, todos os anos monto uma árvore com bolinhas, luzes e afins. Acredito que faço esse ritual para não destoar dos vizinhos. Trans também é família. Eu disse família?
    Adolescente, eu não gostava do Natal justamente pela reunião familiar em que, vez ou outra, um parente colocava minha sexualidade na "roda". O resultado era eu com um pedaço de panetone na mão, triste, em algum canto da casa. Depois que perdi meus pais, passei a festejar o Natal com grupos de amigos. Quando passamos o Natal longe dos familiares é porque não os temos, não queremos ou não podemos estar com eles, e, infelizmente, isso acontece muito com as trans. Para muitas, assim como eu, o Natal é sinônimo de tristeza, e, invariavelmente, por causa dos familiares. Quando estamos entre amigos, a noite do dia 24 de dezembro passa muito mais suave e bem menos melancólica. Afinal, depois do vinho, tem sempre um disco da Madonna disponível para alguém "mascar chicletes" em tempo de dublagem.
    Graças aos deuses que nós, *gays* e trans, temos facilidade em transmutar as adversidades da vida numa abençoada técnica de sobrevivência. Por isso, desejo um feliz Natal a todos os meus amigos que aqui formam um enorme grupo: lindo, diverso e divino. Minha verdadeira família de coração.
    Fernanda, por favor, põe aquele CD!

Claudia Wonder

Homenagem a Caio Fernando Abreu I e II

★

Faz dez anos que meu amigo Caio Fernando Abreu foi para o andar de cima morar com os anjos. Às vezes, a saudade bate forte, então deixo as lágrimas lavarem minha alma e continuo me lembrando de nossos momentos. Sinto saudade de nossas conversas profundas a respeito de nós mesmos, da condição humana e sua insignificância, do ser ou não ser e de todas essas conversas de bêbado que duas pessoas em busca de lucidez podem levar numa noite de verão.

Na época a gente chamava essas conversas de PC, ou seja, "papo cabeça". Mas não era só isso, também ríamos muito, e de tudo. Gostávamos de ir ao Bar das Putas, na rua da Consolação, onde hoje é o Sujinho, para comer picanha e tomar vinho. Ai, que tempo bom... Ou então ficar na parte de cima do bar Madame Satã, sentados no palco, bebendo caipirinha de vodca e falando a noite inteira sem parar, trocando idéias. Aquilo para nós era pura diversão. Depois a cidade, a garoa, a madrugada, era só malandragem... Hei, Val Improviso!

Para homenagear meu amigo e grande escritor Caio Fernando, reproduzo aqui o texto que ele amorosamente escreveu para o jornal *O Estado de S. Paulo* no dia 26 de junho de 1986, na ocasião de minha estréia no extinto Teatro do Bexiga com o *show O vômito do mito*.

Obrigada por tudo, meu amigo Caio, e continue daí onde você está a olhar por mim, até o dia em que a gente vai poder se encontrar e festejar de novo. E dessa vez eu tenho certeza de que nossos papos vão ser ainda mais alto astral. Ah, vão ser sim!

Meu amigo Claudia
Maravilha, prodígio, espanto:
No palco e na vida, meu amigo Claudia é bem assim:
Meu amigo Claudia é uma das pessoas mais dignas que conheço. E aqui preciso deter-me um pouco para explicar o que significa, para mim, "digno" ou "dignidade". Nem é tão complicado: dignida-

de acontece quando se é inteiro. Mas o que quer dizer ser "inteiro"? Talvez, quando se faz exatamente o que se quer fazer, do jeito que se quer fazer, da melhor maneira possível. A opinião alheia, então, torna-se detalhe desimportante. O que pode resultar – e geralmente resulta mesmo – numa enorme solidão. Dignidade é quando a solidão de ter escolhido ser, tão exatamente quanto possível, aquilo que se é dói muito menos do que ter escolhido a falsa não-solidão de ser o que não se é, apenas para não sofrer a rejeição tristíssima dos outros.

Bem, assim é meu amigo Claudia. Eu não o/a conhecia pessoalmente. Ou melhor: conhecia do palco, onde Claudia enlouquece cantando, falando e mostrando-se de uma maneira tão atrevidamente escancarada que fica linda, lindo. Só conversamos face a face, pela primeira vez, há três semanas. Parece não ter nada que ver, mas tem tudo: eu adoro Marina Lima. Há três anos, no Rio, conheci Sergio Luz, que atualmente dirige Marina. Éramos amigos de (Ah! Os bordados da vida...) Ana Cristina César, e foi através dela que cruzamos caminhos. Mas isso é outra história. Ou nem tanto. Há três semanas, Sergio me convidou para jantar com ele, Marina, Antonio Cícero e outras pessoas. Lógico que fui. E lá estava também Claudia, no meio de uma mesa enorme. Não havia lugar para todo mundo. Sentamos numa mesa próxima. Pouco depois, Claudia veio sentar-se conosco, porque havia um senhor na outra mesa – um senhor poderoso – que não parava de agredir Claudia. Começamos a conversar. Acabamos no Madame Satã, onde raramente ou nunca, felizmente, existem senhores como aquele, agredindo pessoas como Claudia. Por não existirem interferências assim no mundo particular do Satã foi que Claudia e eu, naquela noite, nos tornamos amigos.

Para aquele senhor, e para a maioria de todos os outros senhores do mundo, a presença de Claudia deve representar a suprema transgressão, a mais perigosa das ameaças. Tanto que andam matando pessoas como Claudia, na noite negra e luminosa de Sampa. É que meu amigo Claudia incorporou, no cotidiano, a mais desafiadora das ambigüidades: ela (ou ele?) movimenta-se o tempo todo naquela fronteira sutilíssima entre o "macho" e a "fêmea". Isso em uma sociedade em que principalmente o genital é que determina o papel que você vai assumir. Porque se você é homem, você tem de fazer isso e isso e isso – não aquilo. E, se você é mulher, deve fazer aquilo e aquilo e aquilo – não isso.

Movendo-se entre isso e aquilo, meu amigo Claudia conquista o direito interno/subjetivo de fazer isso e também aquilo. Mas perde o direito externo/objetivo de fazer nem isso nem aquilo. Tomamos vodca juntos na madrugada falando de solidão, essa grande amiga em comum de todos nós. Trocamos telefones, nos encontramos outra vez. Gosto tanto de seus olhos muito abertos, atentos a tudo, contemplando diretamente o mais de dentro de cada um.

Agora virei seu fã. Hoje, às 23h, Claudia apresenta-se no Teatro do Bexiga. Se você quiser, também pode conhecer meu amigo Claudia. A propósito, ela (ou ele – que importa, afinal, um "e" ou "o" ou "a" no artigo ou pronome que precede o nome de uma pessoa?) autobatizou-se com o sobrenome Wonder, que em inglês quer dizer "milagre", ou "prodígio", ou ainda "maravilha", "surpresa", "espanto". Todas essas sensações são justamente as que meu amigo Claudia Wonder passa, no palco e na vida. E por tudo isso, me sinto muito orgulhoso de ser seu amigo.

E eu, Caio, me sinto muito orgulhosa, mas muito orgulhosa mesmo, de ser seu amigo Claudia!

Homenagem a Caio Fernando Abreu II

Acontecem coisas na nossa vida que nos levam a pensar que a existência como ser humano realmente vale a pena. Uma dessas coisas foi uma carta que recebi do professor Nelson Luis Barbosa a respeito da minha amizade com o escritor Caio Fernando Abreu. Fiquei tão feliz quando li que a única maneira que encontrei de responder à altura foi publicando. Obrigada, Nelson, pelo carinho, tanto com Caio Fernando quanto comigo, e pela pessoa linda que você é. Que Deus nos ilumine, meu amigo!

Querida Claudia Wonder

Reli a crônica de Caio F. a seu respeito, publicada originalmente em 1986 no Caderno 2 do *Estadão*. Digo reli porque a li pela primeira vez na ocasião de sua edição, e algumas outras vezes também.

Outras histórias

Na época, eu trabalhava no mesmo jornal e esperava avidamente toda terça-feira a deliciosa crônica de Caio. Eu e ele nos encontrávamos ocasionalmente por lá, na hora do almoço. Chegamos a trocar algumas palavras, almocei com ele e conversamos quando da publicação de sua crônica em homenagem a Lilian Lemmertz, quando de sua morte (outro dia, por intermédio de uma amiga comum, mandei uma cópia dessa crônica para a Júlia Lemmertz, a filha de Lilian. Ela não a conhecia, e ficou muito emocionada com a homenagem de Caio, também gaúcho, né?).

Pois é, eram essas pequenas jóias que Caio espalhava para todos – as pequenas epifanias de Caio –, tal como a crônica escrita para/sobre você. Infelizmente, eu e Caio não chegamos a nos tornar amigos, pois o tempo e os compromissos diários nos distanciaram. As duas últimas vezes que o encontrei foram uma numa saída do antigo Malícia (demo-nos as mãos e nos sorrimos, apenas), a outra no lançamento de seu livro *Os dragões...*, no Ritz, quando ele fez uma dedicatória muito carinhosa para mim, referindo-se com saudade àquele tempo em que nos cruzávamos nos corredores do *Estadão*... Éramos ainda bem moços nessa época... já se vão vinte anos.

Reler agora a crônica que ele escreveu para/sobre você me trouxe de novo toda essa saudade. O então convívio com Caio que não se realizou naquela época está se dando agora, de um modo mais "próximo", talvez, ao resolver pesquisar sobre sua obra como tema de meu doutorado. Esse "reencontro" com Caio F. tem sido maravilhoso e triste ao mesmo tempo. Você pode imaginar por quê. Espero que esse estudo possa ser um presente que eu também queria ter dado a ele, apesar do tempo... Que importa o tempo, não é mesmo? Caio ainda está aqui, conosco.

Mas estou te escrevendo também porque foi por meio dessa crônica "Meu amigo Claudia" que vim a conhecer você, pelo menos como uma personalidade, como uma atriz/ator, como músico/a, cantor/a etc. Lembro-me de que, na época, ao ler o texto, fiquei curiosíssimo para te conhecer pessoalmente. Com certeza, o carinho de Caio resvalou para fora da crônica e me atingiu bem no peito. Na época tentei vê-la no espetáculo *O vômito do mito*, no Teatro do Bexiga, mas por alguma razão que não me lembro bem agora isso não foi possível (ou porque a temporada já estava no final, ou por falta de grana, ou sei lá... essas coisas que nos deixam depois meio bestas, pensando no tudo que podia ter sido e não foi... E pensar que na mesma época eu também freqüentava o Madame Satã e não nos encontramos lá). Sempre guardei a sua imagem publicada na crônica, algo como você num balanço, descabelada... mas também a imagem que escorria do texto de Caio, e sempre tive o maior carinho por você, como a amiga de um amigo, ou a amiga de um pretendido amigo que não chegou a sê-lo efetivamente. E assim sempre me lembrei de você, por intermédio desse espelho, desse vidro, que nos aproximou, mas também nos separou.

Bem, o tempo foi passando, eu também fui passando... e eis que numa tarde de domingo, às vésperas de um carnaval, há uns quatro ou cinco anos, no Arouche, vi você pessoalmente pela primeira vez. Foi curioso isso: ao deparar com você, com uma roupa florida, com um anel em flor, grande, algo me disse que a conhecia. Algo familiar transparecia em seu rosto, que riu francamente para mim sem me conhecer. Eu estava com uma amiga que, por coincidência, estava com um anel igual ao seu, e vocês duas bateram o anel um no outro, como numa saudação especial, de gente da mesma tribo. Nesse mesmo instante alguém falou seu nome e, como um véu que caía, pude constatar tratar-se mesmo da minha amiga, amiga de meu amigo... da amiga que intuía que você fosse mesmo. Sorri então para você, você sorriu para mim, mas no meio daquela festa toda, de sua alegria, sempre contagiante, achei que não seria hora de falar nada: era hora só de ficar ali te olhando, te admirando, como já o fizera em 1986, por intermédio da crônica de Caio F. Senti uma alegria muito grande por vê-la, senti-la tão presente, tão "real", como parecera na crônica. Sempre me disseram que você vivia fora do Brasil, e isso talvez tenha contribuído ainda mais para o meu recolhimento. E depois, eu sou assim mesmo: diante dos meus mitos, fico retraído, tenho vergonha, medo de incomodar... Foi assim com Caio F. Foi assim também com você. Acredite!

Tempos atrás, lembro-me de que tive um sonho "estranho" e nele você estava – contei o sonho para alguns amigos e comentei quanto era estranho sonhar com uma pessoa "desconhecida" pessoalmente, mas que povoa o nosso imaginário, a nossa admiração. Era como se morássemos num mesmo quintal, você na casa da frente, eu na do fundo, ou vice-versa. Como você ia viajar, pedia para eu cuidar das suas plantas (é tão comum os amigos pedirem isso, não?), que ficavam no nosso quintal comum. Eu, claro, fiquei muito orgulhoso da incumbência, e mais ainda de me sentir útil para uma pessoa tão querida, importante para mim – mas não de todo íntima. Juro, o sonho foi assim. Quem sabe não era você pedindo para eu cuidar da obra de Caio, como ele fez com as rosas do jardim da casa paterna onde ele foi morar? Essa imagem ficou recorrente para mim, e só agora elaboro melhor esse sonho entendendo-o assim.

Enfim, Claudia. Estou bastante emocionado ao lhe contar essas coisas. E isso para lhe dizer que tenho um carinho muito especial por você. Sempre leio suas crônicas no *G Online*, e sempre encontro mais e mais motivos para gostar de você. A dignidade de que falava Caio, referindo-se a você, é muito verdadeira e se mantém com uma jovialidade incrível. E é isso também que sinto de você, dignidade e alegria.

Receba, então, um beijo carinhoso do amigo "por tabela", que torce por você, que se alegra por você, e que a tem com o mais profundo respeito e admiração.

Um beijo do Nelson.

são paulo, meu amor!

★

Eram 15 horas do domingo de 25 de janeiro quando eu e um grupo de amigos da Associação da Parada do Orgulho GLBT de São Paulo desenrolamos a bandeira do arco-íris para marcar a presença de nossa "comunidade" no aniversário da maior cidade da América do Sul.

Da minha, da sua, da nossa São Paulo!

Estávamos nos arredores da estação Vergueiro do metrô, local marcado para nossa concentração. O clima estava típico de verão paulistano: quente e encoberto. Mal abrimos a bandeira e logo inúmeros gritos de ovação começaram a ecoar.

Gritos que não vinham apenas de nosso pequeno grupo, formado por *gays*, lésbicas e travestis. Eles vinham também das muitas outras pessoas ali presentes, que demonstravam aprovar nossa integração. Todo mundo queria tocar na bandeira: homens, mulheres e crianças. Cheguei até a ouvir os "manos" gritando uns para os outros: "Simpatiza aí, meu irmão!"

A sensação era de que as "nossas cores", fora da parada, tinham virado patrimônio público e que, na festa da cidade, todo cidadão tinha o direito de ser *gay*. Ou, traduzindo a palavra, ser alegre! Pode até ser metáfora, mas era esse o sentimento geral na avenida 23 de Maio: o de uma feliz e integrada cidade.

Passamos por todos os carros da passeata e, em cada um deles, fomos recebidos com gritos de alegria. Só paramos para seguir o carro oficial, da prefeita Marta Suplicy – que, aliás, estava linda e foi aplaudidíssima. Em determinado momento, as pessoas começaram a lançar-lhe roupas, para que ela as beijasse e jogasse de volta. Disseram até que ela estava com "ares de Evita" (espero que tenha sido por causa do cabelo, tipo "banana").

Daniela Mercury, outra rainha, também arrasou com o seu techno-axé, fazendo o povo dançar durante todo o percurso. No final, juntou-se com a não menos rainha Rita Lee, que "arrombou" a festa com seus convidados.

Outras histórias

Nossa bandeira se transformou em uma tenda *gay*... Melhor: dessa vez, ela se transformou em uma tenda simpatizante, abrigando a todos, independentemente da orientação sexual. E não foi por causa da chuva que marcou o final do evento (confirmando que dançávamos sob o céu de Sampa). Foi pura integração. A maioria das pessoas debaixo do arco-íris era jovem e a azaração corria solta.

As poucas trans presentes reinavam absolutas entre os rapazes que as cantavam e pulavam em volta delas, ao som de *As minas de Sampa*.

O único momento "uó" foi quando quatro *skinheads* fizeram coro contra um beijo entre dois meninos. Mas a polícia, presente em toda a passeata, fez um belo trabalho, expulsando os carecas, que saíram literalmente correndo, em menos de um minuto. Eles deviam ter esquecido que estavam em São Paulo e que aqui não é proibido demonstração de afeto entre pessoas do mesmo sexo. Todo mundo beijou muuuuiiiito!

Minha cidade querida mostrou que também sabe fazer festa, que não é só trabalho. Que é mãe de todos: paulistas ou não, brasileiros ou não, héteros ou não. E que é ponte para todos os sonhos!

Hoje é terça-feira e ainda estou rouca. De tanto gritar "São Paulo, meu amor!" Parabéns à cidade pelos 450 anos. E parabéns aos seus cidadãos, que a cada dia demonstram evoluir mais no que diz respeito à convivência e integração com a diversidade!

Perfis

COCCINELLE

Muita gente não sabe, mas muito antes de Rogéria, Roberta Close ou qualquer outra trans ou *drag queen* ficar famosa no Brasil e no mundo, existiu Coccinelle. Uma deusa loura que se apresentou em nosso país em 1962.

Coccinelle foi a primeira transexual a ficar famosa mundialmente. Dona de uma beleza estonteante, tornou-se estrela de cinema e presença obrigatória em festas do *jet set* internacional. Contemporânea de Marilyn Monroe e Brigitte Bardot, aonde quer que chegasse causava um verdadeiro furor entre as pessoas.

Aqui no Brasil, foi necessária a intervenção do corpo de bombeiros para impedir que uma multidão arrombasse as portas e invadisse a loja em que ela fazia compras.

Ficou famosa não só por sua beleza, mas também por ter sido a primeira transexual (e única) a se casar de véu e grinalda em uma igreja católica. Antes da cerimônia de núpcias, o padre a rebatizou com seu novo nome, o feminino Jacqueline-Charlotte Dufresnoy Bonnet. Isso tudo diante da imprensa. O sensacionalismo causado acabou dividindo a opinião pública, e criando um novo preconceito. O resultado foi a proibição do direito dos transexuais a uma nova identidade e ao casamento.

Hoje, Coccinelle mora em Berlim, e publicou suas memórias em livro que leva o seu nome. Para termos uma melhor idéia a respeito da notoriedade dessa musa, ela recebia em seu camarim, entre outras personalidades da época, ninguém menos que Aristóteles Onassis e Maria Callas. Tô passada!

Perfis

O exemplo de Charlotte

★

Morreu na Suécia, neste ano, aos 74 anos de idade e muito bem vividos, o travesti mais famoso da Alemanha. Digo muito bem vividos porque ela dedicou toda a sua vida à luta contra o preconceito em seu país.

Seu nome de batismo era Lothar Berfelde, mas se "autobatizou" Charlotte von Mahlsdorf. Mesmo vivendo sob o regime comunista da RDA (ex-República Democrática Alemã), ela teve a coragem de assumir diante de todos não só sua orientação sexual, mas também sua paixão por saias plissadas, e a determinação em fazer-se ouvir.

Sempre muito elegante, vestia-se no melhor estilo dos anos 1920, colecionava objetos *art nouveau* e era conhecida por sua classe notável, com indiscutível qualidade intelectual e humana. Soube fazer-se respeitada e tornou-se, pouco a pouco, porta voz da comunidade *gay* da Alemanha Oriental, que vivia na clandestinidade até a queda do muro de Berlim.

Essa história exemplar é relatada pela própria Charlotte em uma autobiografia intitulada *Eu sou minha esposa*, em que narra seus anos de luta contra a intolerância.

Com a reunificação da Alemanha, em 1992, ela recebeu a Cruz Federal do Mérito das mãos do então recém-eleito chanceler Helmut Kohl. A honraria é o equivalente, no Brasil, à Ordem Nacional do Mérito, que é a mais alta condecoração possível a um brasileiro que tenha se destacado por relevantes serviços prestados à pátria.

Mesmo assim, com condecoração e tudo, ela imigrou para a Suécia por temer as represálias homofóbicas da ultradireita, que cresce assustadoramente na Alemanha e em outros países da Comunidade Européia.

A notícia de sua morte só foi divulgada depois de seu enterro, "para evitar comoção pública", e agora ela repousa em Berlim, cidade em que nasceu.

Charlotte foi um exemplo a ser seguido por todos nós, que desejamos um mundo mais justo e com igualdade de direitos. Além disso, sua vida foi um testemunho de que nem só de silicone vive um transexual, mas de luta também. Uma luta diária, silenciosa, que começa no simples gesto de vestir uma saia e, com classe, enfrentar a luz do dia. Postura de vida que vale mais do que qualquer discurso.

Perfis

Homenagem a Thelma Lipp

★

O céu ganha mais uma estrela

Deodoro foi o menino mais feminino que conheci em toda a minha vida. Aos 16 anos de idade, ele já causava espanto e fascínio com sua beleza e feminilidade, e sem usar hormônios artificiais! Talvez tenha sido um capricho da mãe natureza, que achou que seria melhor assim... E ela tinha razão, porque Deodoro, o "Deozinho", alguns anos mais tarde, seria uma das belezas mais celebradas do Brasil ao se tornar Thelma Lipp.

Thelma não precisou se transformar muito para exteriorizar sua natureza. Desde criança já era, fisicamente, uma linda menina-menino. Sorte ou azar?

Thelminha, como era chamada pelos mais próximos, também sempre contou com o apoio da família. Tanto que o nome Thelma Lipp foi sua mãe que deu. (Sim, ela surgiu Thelma Lipp, escrito dessa forma. A imprensa depois se encarregou de tirar e colocar agás e pês, e não é raro ver escrito nas publicações "Telma", "Lip" e até "Lipe").

Na vida tudo tem seu lado bom e seu lado ruim. E, para Thelma, ter nascido belo e andrógino foi tão maravilhoso quanto cruel.

Foi maravilhoso por motivos óbvios: a beleza abriu-lhe portas, trouxe fama, admiração, amigos e tudo aquilo que um belo rosto e corpo, acompanhados de inteligência, podem proporcionar. E foi cruel por motivos que nós conhecemos bem: manter a beleza e tudo que ela proporciona não é tarefa fácil para ninguém. Principalmente quando essa beleza vem acompanhada do preconceito: Thelma era travesti.

★ Versão paulista de Roberta Close

No começo dos anos 1980, Thelma Lipp surgiu como uma resposta paulista a outro fenômeno do gênero: a linda Roberta Close.

Thelma e Roberta disputaram, durante toda a década, capas de revistas de todo o Brasil. Uma fazia o tipo "mulherão fatal" (Roberta), enquanto a outra (Thelma) fazia o gênero "garotinha". Ambas, indubitavelmente, belíssimas.

Nessa época, eu também fazia barulho no *underground* como *performer* e chegamos a dar uma entrevista juntas para o jornal *O Estado de S. Paulo*. Os jornalistas queriam uma matéria com Thelma Lipp, Roberta Close e Claudia Wonder juntas. Mas Roberta, equivocadamente, se recusou a dividir a cena com outros travestis.

Thelma e eu não merecíamos isso da Roberta. Entretanto, em conseqüência, nós duas tivemos mais espaço nas duas páginas reservadas para a matéria com nossos depoimentos. Lá expusemos nossas idéias, angústias e anseios que, infelizmente, até hoje, continuam os mesmos. Não é preciso dizer que o assunto girou em torno dos preconceitos e discriminações pelos quais somos vitimadas.

★ **Glamour e fragilidade**

Junto com as capas de revistas e entrevistas, Thelma começou a receber (e aceitar) convites para participações em programas de televisão, e logo estaria como jurada efetiva no extinto programa de calouros *Clube do Bolinha*, sucesso das tardes de sábado na TV Bandeirantes.

Fez história posando para a *Playboy*. Também foi clicada pelo fotógrafo Dimas Schitini para uma revista editada especialmente para ela, e outros fotógrafos vieram junto com outros trabalhos.

Protagonizou peças de teatro como *Terezinha de Jesus*, de Ronaldo Ciambroni, que, na época, se tornou um marco para o movimento *gay* do Brasil. Todos, sem exceção, héteros e *gays*, torcíamos para que Terezinha, que era tão sofredora, tivesse um final feliz. E tinha!

Vieram outras peças e outros programas. Mas como tudo na vida um dia acaba, o *boom* dos travestis também acabou. A década de 1990 trouxe consigo o fenômeno *drag queen*, e os convites para as "bonitas" foram diminuindo.

Thelma, sem trabalho e acostumada com o *glamour*, foi se prostituir. Não demorou muito, começou a sofrer de síndrome do pânico, doença que a fez ficar, durante cinco anos, confinada em seu apartamento a maior parte do tempo. Para fugir da síndrome, Thelma se refugiou nas drogas, agravando ainda mais o problema.

Podemos entender a fragilidade de Thelma se pensarmos que, para se manter no mundo artístico, segundo um ditado da classe, é necessário "matar um leão por dia". Imaginem então uma trans como Thelma, quantas feras não tem de vencer diariamente...

A troca da fama e do *glamour* pela necessidade da prostituição foi um enorme baque. Uma pessoa que está acostumada à badalação e à fama que a mídia proporciona e, de repente, se vê obrigada a se prostituir precisa ser muito forte para suportar essa mudança de "cara".

Thelminha, entretanto, com a ajuda de um programa para dependentes químicos do coronel Ferrarini, no final dos anos 1990, venceu as drogas e tornou-se uma palestrante-protagonista a respeito da recuperação de drogados. Voltou a trabalhar e a fazer teatro e televisão. Em 2002, como continuava linda, posou novamente nua, dessa vez para a revista *Transex* (publicação extinta da editora Fractal, a mesma do *site G Online* e da revista *G Magazine*).

Thelma estava feliz e confiante com a retomada de sua carreira.

★ O baque de *Carandiru* e o filme *Thelma*

Em 2001 surgiu o convite para participar do filme *Carandiru* e tudo indicava que o papel do travesti presidiário Lady Di seria dela. Pelo menos era o que todos nós pensávamos, pelo seu tipo físico, que tinha tudo a ver com o do personagem.

Thelma ensaiou com a equipe do filme, fez laboratórios durante dois exaustivos meses, mas a produção, por questões de *marketing*, segundo o próprio Hector Babenco, optou pelo ator Rodrigo Santoro.

Thelma, que tinha certeza de que aquele papel seria a arrancada definitiva e o reconhecimento de sua carreira como atriz, sofreu um baque. Ela mesma me disse isso em nosso último encontro, em 2002.

Na ocasião, aliás, nasceu a idéia de fazermos um trabalho junto com o Sindicato dos Artistas para que papéis de travestis fossem preferencialmente oferecidos aos verdadeiros artistas transgêneros, que estão aí, trabalhando em clubes e boates, sem nunca terem uma chance real em filmes e novelas em razão do preconceito. Porque, para um ator ou uma atriz, é "nobre" representar um travesti, mas para os poderosos da mídia, travestis representarem seu próprio papel é depreciativo. Um pensamento que lembra um tempo (nem tão remoto) de nossa TV e cinema – e também de Hollywood – em que os protagonistas negros da trama eram sempre representados por atores brancos que se pintavam com tinta preta.

Pedro Almodóvar representou muito bem o preconceito contra os artistas trans em seu último filme, *Má educação*, em que o personagem principal, que é um ator, vai procurar um travesti que faz imitação da Sarita Montiel para fazer laboratório. Porque ele, o ator, representará, em seu próximo filme, exatamente um travesti que imita a diva. Quando a verdadeira travesti pergunta por que ela não pode fazer o papel, já que a personagem era ela mesma, o ator retruca com simplicidade: "Mas você é só um veado!"

Thelma não estrelou nenhum filme, mas teve um filme feito sobre ela, ou melhor, sobre o amor de um homem por ela. Em 1987, os cineastas suíços Pierre Alain Meier e Mathias Kallin vieram ao Brasil para filmar *Dores de amor*, documentário sobre a vida dos travestis brasileiros em São Paulo. Vários travestis, tanto os dos palcos como os das ruas, participaram do filme – apresentado por Thelma no festival de Locarno, Suíça –, em um panorama geral de nosso segmento.

Durante as gravações, o diretor Pierre Alain, ao conhecer Thelma, não resistiu à sua beleza e feminilidade e caiu de amores: ficou completamente apaixonado. A paixão, infelizmente, não foi correspondida por Thelma, mas para Pierre durou muito tempo. Tanto que, talvez para "exorcizá-la", Pierre fez o filme *Thelma*, ambientado na Grécia, que conta a história de um homem comum que se apaixona por uma trans. Um filme lindo e denso, assim como geralmente é uma história de amor em que o proibido está sempre à espreita. Esse filme é de 2001 e já foi apresentado no mundo inteiro.

★ O adeus a Thelma

Em 2002, como relatei, tive meu último encontro com Thelma. Foi pouco antes de minha viagem para a Europa. Quando voltei, um ano depois, ela já estava no fundo do poço: Thelma havia voltado às drogas.

Em 15 de agosto de 2003, ela foi internada em uma clínica de recuperação para dependentes químicos em Atibaia, interior de São Paulo, onde permaneceu até fevereiro de 2004. Estava recuperada novamente e, ao sair da clínica, não queria mais uma vida de *glamour*, queria levar uma vida comum, como qualquer outra pessoa. Queria se enquadrar, nem que para isso tivesse que matar Thelma e voltar a ser simplesmente Deodoro, o "Deozinho".

E foi o que fez. Cortou seus lindos cabelos, retirou as próteses de silicone e se mudou com a família para o bairro paulistano de sua infância, o Jaçanã. Lá, tranqüila, planejava sua nova vida, quando, no dia 9 de novembro, amanheceu com o lado esquerdo do corpo paralisado. Era uma neurotoxoplasmose, doença degenerativa que vai, com o tempo, paralisando os órgãos do corpo. Foi internada durante um mês e voltou para casa, vindo a falecer de insuficiência pulmonar na véspera do Natal.

Se foi uma conseqüência do uso de drogas? Os médicos não podem afirmar nem que sim nem que não, já que pessoas que não são usuárias de drogas químicas também são acometidas pelo mesmo mal.

Baseada em filosofias orientais, que dizem que qualquer doença tem ligação direta com o estado psicológico de quem adoece, eu arriscaria dizer que Thelma, ao tentar ser uma pessoa que não era (ou seja, cortar seus cabelos e retirar seus seios), estava subjetivamente se matando, extirpando o que ela tinha de mais vital: sua feminilidade e sua verdade. Certa ou não, Thelma estava, como todos nós, buscando sua felicidade.

Lembro-me de seu olhar e sorriso eternamente ingênuos, como os de uma criança. Ela era uma estrela aqui da terra. Agora é a vez de brilhar no céu, que ganhou mais uma estrela: a estrela Thelma.

ADEUS A MINHA "MANINHA" NANA VOGUEL

★

No último Natal perdi uma grande amiga de longos anos, Nana Voguel.

Essa não seria a notícia ideal para minha primeira coluna de 2006 não fosse pelo enorme carinho que sempre tive por ela e pela maneira com que encaro essa separação. Vejo como se ela tivesse ido para uma temporada na Europa e eu estivesse aguardando sua volta, com um lindo presente para mim.

Conhecemo-nos muito cedo, porque crescemos no mesmo bairro paulistano, o Bosque da Saúde. Desde aquela época, quando éramos adolescentes, adorávamos nos montar para festas e concursos de *miss*, que aconteciam na boate Nostro Mondo, em São Paulo, e na Pink Panther, em Santos. Eram os anos 1970, e eu havia rasurado minha carteira de trabalho só para poder entrar nas boates – e participar dos concursos, é claro.

Nana sempre se destacou por ser a mais bem vestida de nosso grupo. E sempre era aguardada com entusiasmo pelos produtores dos mais diversos desfiles e concursos de travestis, pelos seus trajes deslumbrantes.

Comecei a fazer *shows* aos 17 anos e, como eu não tinha grana, invariavelmente os vestidos de Nana Voguel acabavam em cena, fazendo parte do meu guarda-roupa. Sempre discutíamos antes que ela me emprestasse alguma roupa, mas Nana sempre acabava cedendo e depois se sentia orgulhosa de ver seus vestidos brilhando no palco.

Ela me chamava carinhosamente de "maninha", e realmente nossa relação sempre foi uma relação de irmãs. Uma relação de muito carinho e, claro, com muitas briguinhas por bobagens. Foram muitos anos, muitos anos mesmo, uma vida!

Quando completei 20 anos, festejamos juntas na boate Aquarius, no Guarujá, com meu namorado e um amigo que filmou tudo em super-8. Ao amanhecer, estávamos na praia, rolando na areia com os vestidos de festa e imitando a modelo da abertura da novela da época – tenho até hoje essa fita, e garanto que é de rolar de rir. Lembro-me também dos apelidos que ela dava às trans do nosso grupo, fazendo uma seleção de "corpinhos". Fulana tem o corpinho isso, sicrana tem o corpinho aquilo... O meu era o "corpinho elegante" e, dependendo da ocasião, era o "corpinho bêbado".

A gente sempre se divertiu muito, com tudo. Minha mãe tinha uma foto dela em um porta-retrato em cima da penteadeira. Eram amigas e gostavam de conversar por horas a fio. Agora elas devem estar sentadas em alguma nuvenzinha batendo papo e, provavelmente, falando de mim, de como eu não tinha juízo e coisa e tal... Quem sabe um dia estaremos juntas de novo, participando de algum concurso ou algum *show*. E dessa vez não como estrelas, mas entre as estrelas...

"A eterna *miss*" foi seu título aqui na Terra. Mas, no meu coração, ela será para sempre "A eterna maninha". Nana, é impossível te esquecer!

Presto esta pequena homenagem a minha "irmãzinha" Nana Voguel, não com tristeza, mas com muito amor, carinho e o desejo, não só para ela, mas para todos nós, de que a vida seja realmente eterna!

MARGOT MINELLI

★

Quem viveu nos anos 1980 e freqüentou as lendárias boates Homo Sapiens e Corinto, em São Paulo, com certeza conheceu uma das maiores artistas transformistas que o Brasil já teve: Margot Minelli.

"Marguinha", como é chamada carinhosamente por seus amigos, nasceu em Santo André e começou sua carreira no final dos anos 1970 no extinto Gay Clube, que ficava na rua Santo Antônio, em São Paulo.

Em um *show* de calouros apresentado pela saudosa atriz Consuelo Leandro, Margot levou o primeiro prêmio com uma belíssima imitação da diva Carmen Miranda. Nessa noite, estava presente na platéia o diretor de *shows* Aron Aron, que, encantado com sua *performance*, a levou para integrar o elenco de um novo *show* que estava produzindo no tradicional clube HS. Depois disso, ela não parou mais.

Dessa época, Margot se recorda de uma passagem *sui generis*:

> *No final do* show, *todas tinham de entrar no palco para agradecer. A Makeba, que era caricata, estava com um terçol horrível no olho e que doía muito. Eu entrei toda maravilhosa abrindo os braços e, sem querer, bati com a mão no olho dela, que, devido à dor, revidou com uma rasteira. Eu voei, girando, e fui parar no meio da platéia com a bunda no chão! O público riu até não poder mais. Na hora fiquei morrendo de vergonha, mas hoje acho tudo muito engraçado.*

Suas imitações de grandes divas são antológicas porque, como poucos, Margot se esmera nos detalhes, gestos e maquiagem, sempre com um figurino rico e impecável. Tanto que até hoje ela foi a única transexual a ter estrelado comerciais para a TV brasileira. Foram dois: um para a revista *Astros e Estrelas*, da Abril Cultural, e outro para as pilhas Rayovac.

★ Sucesso na Itália como empresária e comunicadora

A exemplo de outras trans que se deram bem na vida, Margot sempre contou com a aceitação da família e, por isso, não teve muitos problemas para fazer o seu *outing* nos anos 1970.

Marguinha não sofreu a triste rejeição dos parentes, mas fora de casa a experiência com o preconceito foi inevitável, e garante que já sofreu muito com isso.

Mas não foi esse o motivo que a levou a trocar o Brasil pela Itália, país onde vive até hoje, e sim a grande dificuldade econômica por que o país passava no final dos anos 1980. Como tinha ascendência italiana, foi para lá com a cidadania no bolso.

Devidamente instalada em Milão, cursou escola de direção de cinema e publicidade, sua grande paixão. Depois de formada, fez trabalhos no cinema italiano como assistente de direção e também como atriz no filme *Casomai*, de Alessandro d'Alatri.

No ano passado, apresentou durante três meses o programa *Open space* no canal Gay TV, que é transmitido via satélite pela Sky Europa. No programa, ao lado do comunicador Alessandro Cecchi Paone, Margot personificava divas hollywoodianas e também esclarecia dúvidas sobre pessoas trans.

Além de trabalhar com arte e comunicação, ela também é empreendedora. Há seis anos comanda seu próprio restaurante de comida brasileira em Milão, o Copacabana, que tem entre sua clientela famosos como a estilista Donatella Versace e o jogador de futebol Kaká.

★ Eterna militante

Margot também é conhecida da comunidade *gay* italiana pela militância. Foi madrinha da primeira parada *gay* da Itália, que aconteceu em Veneza, e já exerceu o cargo de vice-presidente da Arcitrans de Milão – organização que defende os direitos dos transexuais –, junto à qual ainda milita.

A cidade de Veneza foi escolhida para a simbólica manifestação porque era ali que, no século XVIII, queimavam os sodomitas em praça pública. Segundo Margot, a cidade é encantadora, mas o povo continua bastante homofóbico até hoje.

"A parada *gay* da Itália agora é um sucesso, mas, na primeira, nenhuma trans quis participar porque tinham medo ou vergonha. Então eu assumi sozinha e saí à frente da parada como madrinha. No final fiz um *show* da Liza Minelli, um sucesso!", relembra com orgulho.

Quando o assunto é política, não faltam queixas ao governo italiano, como a impossibilidade de oficializar a sua própria união (Margot é casada há dezoito anos com o italiano Alvar e faz questão de dizer que continua feliz e apaixonada como no início da relação), por causa da influência de quem ela chama de "Papa Hitler" sobre os legisladores do país.

★ Brasileiros são mais gentis com as trans

Sobre a situação das trans brasileiras hoje na Itália, Margot é taxativa: péssima, sinônimo de prostituição e delinqüência. E aproveita para dar um conselho para aquelas que pensam em deixar o Brasil para tentar a vida na Europa: ser íntegra, saber se comportar no país que escolheu para viver e aprender o que esse país pode ensinar e com isso se aprimorar como ser humano.

Depois de quase dez anos sem vir ao Brasil, Margot esteve no país no último mês de setembro.

> *O Brasil mudou muito, agora você encontra de tudo para comprar e visualmente também melhorou bastante. O governo não mudou nada, aliás, piorou; a violência então, nem se fala. Mas o povo está muito mais educado e gentil, até mais do que os europeus. Em se tratando do comportamento dos brasileiros para com as trans, eles estão batendo de dez a zero os europeus.*

Sobre o futuro, Margot Minelli não ousa fazer previsões. Mas danada do jeito que é, ainda vai muito longe. É o que nós desejamos!

ցay Dos pampas

★

Ivo Rodrigues, o travesti gaúcho que se tornou motivo de orgulho na cidade de Uruguaiana

Existem personagens importantes para a comunidade GLBT dos quais muitos de nós, infelizmente, não temos conhecimento. Um deles é o histórico travesti Ivo Rodrigues, que, por sua dignidade e generosidade, tornou-se motivo de orgulho para a cidade de Uruguaiana, no Rio Grande do Sul. Tanto que ele já é nome de rua e, agora, querem levantar uma estátua em sua homenagem, mas, talvez por preconceito, ainda não o fizeram.

O promotor público e escritor Ricardo Pinto defende a causa no seu *blog* Temporal de Idéias. Diz ele:

> E quanto àqueles uruguaianenses que já não vivem mais, mas que deixaram uma memória belíssima de dignidade e elevado espírito humanitário, como, por exemplo, o saudoso Ivo Rodrigues. Afinal, por que ainda não temos um monumento em memória de quem tanto fez pelos necessitados e pelas crianças pobres da cidade? Seria dado ao fato de que ele era homossexual e, por esse motivo, longe estaria do ideal de moralidade e dos bons costumes?

Ivo nasceu em São Borja em 31 de julho de 1908 e, ainda adolescente, renegado pela família em razão de sua orientação sexual, foi para Uruguaiana trabalhar como guarda-costas num pequeno cabaré. Por volta de 1940, a proprietária, gravemente adoecida, confiou a Ivo seu estabelecimento e deixou, sob seus cuidados, sua mãe, que já estava bem idosa. Com seu requinte, ele fez o cabaré prosperar até tornar-se a casa mais luxuosa da região, conquistando, aliás, fama internacional. Ivo adorava belos vestidos e sempre usava um leque como charme. Costumava sair pela cidade em uma carruagem vitoriana para exibir suas "meninas". Seu quarto com cortinas de veludo, belos quadros, bibelôs, espelhos e colorido exagerado era uma atração à parte.

Ivo também se destacava em matéria de *marketing* já naquela época. Segundo os mais antigos, faltando cinco dias para seu aniversário, Ivo mandava alguém de sua confiança até a emissora da rádio local e pagava dezenas de mensagens em sua homenagem. Aquilo era a largada, pois a partir daí as mensagens começavam a chegar de todas as áreas da cidade, o que fazia seu cabaré "bombar" durante uma semana!

Ainda que efeminado, os mais antigos asseguram que Ivo era muito respeitado e manejava um facão como ninguém! E quando algum elemento dos fuzileiros navais tentava uma baderna, Ivo gritava: "Que saiam os fuzileiros e venham os fazendeiros". Segundo os contadores de causos, os bofes saíam correndo!

Mas não é só pelo folclore que Ivo Rodrigues é lembrado. Nas festas religiosas, especialmente no Natal, imensas filas de pessoas carentes se formavam na porta de seu cabaré para receber alimentos. Ele talvez tenha sido o primeiro a dar "sopão" aos carentes. Ivo nunca expulsou e sempre socorreu qualquer pessoa que o procurasse em dificuldades. Morreu no dia 2 de fevereiro de 1974, aos 66 anos, e até hoje, no dia de Finados, ou na data de seu aniversário, seu túmulo é ponto de romaria. Em 2001, a cidade de Uruguaiana fundou a escola de samba Ivo Rodrigues e, em 2004, o cantor Wilson Paim gravou em seu álbum a *Canção para Ivo Rodrigues*.

Ivo assumiu sua diferença numa época em que nem sonhávamos com paradas do orgulho *gay*, mas soube se posicionar e ser uma pessoa íntegra e querida por todos. Um exemplo para todos os GLBT e políticos de todo o Brasil.

Uma estátua de Ivo Rodrigues em Uruguaiana já!

É uma trava portuguesa, com certeza...

★

A lisboeta Valéria Vanini é, com certeza, o travesti mais tradicional de Portugal, com 33 anos de carreira artística e muito sucesso.

Tony Valério começou sua carreira em Moçambique como cantor em teatro de revista. Mas como sua carreira de cantor não deslanchava, virou travesti e descobriu que era esse o seu caminho. Trabalhou em mais de vinte países, do Canadá à África, passando pelo Brasil e pela Europa, sempre comandando sua trupe de transformistas.

Como, porém, na vida de um travesti nem tudo é brilho, Valéria foi perseguida e presa pela temida Polícia Internacional de Defesa do Estado (Pide), a polícia secreta na época das ditaduras de Salazar e de Marcelo Caetano.

Hoje, graças à luta de Valéria e de outros ativistas, Portugal mudou muito no que diz respeito às diferenças. Junto com a conceituadíssima ONG Opus Gay, Valéria participa de um programa de rádio semanal em que trata de todos os problemas relacionados aos GLBT.

Recentemente, Valéria gravou um programa chamado *Wild Weekends* para a MTV de Londres, e está lançando seu segundo CD, *Ser quem sou*.

Casada há quinze anos, ela dá seu recado às bonecas que estão começando: "Sejam autênticas, lutem pelo que querem com humildade e, sobretudo, respeitem para serem respeitadas. E quando conhecerem um 'garino' (rapaz), não sejam 'raparigas' (galinhas) e tomem cuidado para que ele não seja 'do corte' (que rouba), nem um 'azeiteiro' (gigolô)". E isso vale para todas, daqui e do Alentejo.

Claudia Wonder

MUITO prazer: DIVINA VALÉRIA

★

Se pensarmos em uma artista íntegra e dedicada à sua profissão, para quem nada na vida é mais importante do que o bem-estar no palco, essa pessoa é a Divina Valéria.

Dona de uma linda voz, ela encanta a todos não só por seu talento incontestável, mas também por sua classe e dignidade. Por isso Valéria é uma das mais consagradas travestis brasileiras.

Afastou-se do Brasil no final da década de 1970 e, desde então, percorre o mundo cantando. Agora, para comemorar seus quarenta anos de carreira, voltou ao país e montou o espetáculo *Ema toma blues*. Um musical escrito por Aninha Franco, produzido por Sônia Dutra e dirigido por Paulo Dourado. A peça conta a história tragicômica de uma ex-rainha do rádio que se tornou alcoólatra por problemas de relacionamento com seu pai. Valéria também lançou um CD com as músicas do espetáculo e ainda neste ano estará nos cinemas com o filme *Cidade baixa* (2005): produção de Walter Salles (*Central do Brasil*) com roteiro de Karim Aïnouz (*Madame Satã*) e direção de Sérgio Machado (*Onde a Terra acaba*). Rodado na Bahia, o filme, protagonizado por Lázaro Ramos e Alice Braga, tem a maior parte de sua história encenada em um bordel, onde Valéria faz o mítico papel da cafetina.

Outra história que poderia ser transportada para as telas do cinema seria a vida da própria Valéria. Conhecê-la nos faz sonhar com um tempo dourado, em ambientes sofisticados onde travestis eram sinônimo de *glamour*: os anos 1960 e 1970. Nessa trama de lutas e glórias encontraríamos personagens ilustres como o presidente Juscelino Kubitschek, para quem ela cantou no dia de seu aniversário em reunião familiar. Encontraríamos também o mestre Di Cavalcanti, que a retratou vestida com uma linda capa de leopardo e um seio à mostra. Quadro que mais tarde desapareceria nas mãos de uma das amantes do pintor. De qualquer forma, Valéria foi a única travesti a ser retratada pelo artista. Segundo o rei da arte *pop* Andy Warhol, as travestis carregam em si o *glamour* de todas as estrelas de Hollywood reunidas em uma só pessoa. Estar com Valéria e ouvi-la contar sua história nos faz acreditar nisso.

Sua infância foi difícil porque não teve pai, ele morreu quando a mãe estava grávida dela. Sua mãe casou-se de novo, mas infelizmente Valéria não teve um bom relacionamento com o padrasto, pois ele era um homem com mentalidade arcaica para quem as crianças não podiam brincar: ou estudavam ou trabalhavam. Como ela não suportava o colégio interno, preferiu trabalhar, mesmo em empregos de que não gostava, só para poder ficar perto da mãe.

Valéria diz que, quando criança, nunca foi mariquinha, ao menos nos trejeitos, mas afirma que já era muito precoce a "mulher" na sua cabeça.

Recentemente esteve em Engenho da Rainha, bairro onde nasceu e viveu até os 8 anos de idade, e confessa que foi emocionante rever a casa onde morava o primeiro menino por quem se apaixonou.

No auge dos seus 18 anos, deixou o subúrbio carioca para estrear no antológico espetáculo *Les girls* ao lado das mais talentosas travestis da época, entre elas Rogéria, com quem rivalizava.

As duas estampavam as capas de revistas da época e, cada uma com seu fã-clube, no mais tradicional estilo "Emilinha e Marlene", dividiam as platéias dos teatros e clubes de então.

Essa rivalidade, porém, havia somente entre os fãs. Valéria e Rogéria sempre tiveram uma linda e sólida amizade, que dura até hoje. Terminada a temporada de *Les girls*, a divina viajou para a Europa e foi trabalhar no Carrossel de Paris, o templo mundial das travestis. Lá conheceu o sucesso internacional, viajando com a companhia pelo mundo todo, de Tóquio a Beirute, de Jacarta a Nova York. Conheceu o *jet set* internacional, trabalhou ao lado de estrelas como Sarita Montiel, Peppino di Capri e Johnny Holiday; conviveu com outras estrelas importantes como Jean Seberg, Omar Sharif, Claudia Cardinale e Ursula Andrews.

Uma passagem em especial Valéria não esquece, e diverte-se ao contar:

> *Foi um desfile que nós fizemos em cima de uma carruagem pelas ruas de Roma com a Anita Ekberg, a estrela de* La dolce vita. *Foi para promover a inauguração de uma grande casa de espetáculos. Ela ia à frente da carrua-*

gem e nós, as travestis do Carrossel de Paris, atrás. Eram mais de quarenta paparazzi nos seguindo, e ela gritava: "Antonio, Paulo... guarda cosa mi fate fare!" ["Antonio, Paulo... olha o que vocês me obrigaram a fazer!"] *Imagine aquela época... Ela, uma estrela, no meio daquele monte de bicha, foi um luxo!*

★ O mais puro teatro

Também com alegria, Valéria lembra que namorou homens maravilhosos, como o conde italiano Victorio Rosset de Vareze. Esse romance ficou na história porque foi amplamente divulgado na mídia da época. Porém, acreditem ou não, Valéria largou esse homem que a cobria de jóias para fazer um espetáculo com o Agildo Ribeiro, aqui no Brasil. Quando voltou para a Europa, dois anos depois, ele já estava com uma trans chilena, e quando morreu deixou tudo para ela.

Valéria conta sorrindo que a Rogéria encontrou a tal chilena de férias no Rio e, ao vê-la, gritou: "Meu Deus, olha a bicha que ficou com a fortuna da Valéria". Por acreditar que a arte é um dom e uma missão, Valéria está longe de se arrepender e garante que esse não foi o único sacrifício que fez para poder estar até hoje no palco.

No espetáculo *Ema toma blues* ela canta e interpreta com maestria, e o público tem a oportunidade de ficar frente a frente com uma verdadeira artista. Prova maior desse reconhecimento são as palavras da atriz Regina Duarte para o jornal *O Globo*, comentando o espetáculo: "Esse trabalho de Valéria é do mais puro teatro".

Não é só no teatro que Valéria tem talento, fora do palco ela soube cultivar boas amizades e ganhar o respeito de todos. Com uma receita simples: Valéria tem firmeza em seus ideais e dignidade. Muita dignidade.

Geanne Greggio: as coisas podem ser diferentes

★

Eu fui um garoto levado, muito moleque mesmo! Cresci no meio do mato, dos bichos, gostava de entrar no brejo, pegar peixinhos, aprontei tudo que tinha de aprontar. Tive uma infância privilegiada!

Quem ouve essas palavras não imagina que elas saem da boca de uma professora pós-graduada em Educação Especial Inclusiva e vice-diretora da Escola João Martins em Embu das Artes, na Grande São Paulo. A bela trans Geanne Greggio.

Natural de Jaboticabal, no interior paulista, Geanne sempre contou com o apoio da família em suas decisões, mesmo quando, aos 24 anos, assumiu sua transexualidade.

Caçula de quatro irmãos, filho de um fazendeiro e uma dona de casa dedicada, Geanne diz que sempre foi uma criança efeminada, mas seus pais nunca falaram nada a respeito e nunca teve problemas com sua família; ao contrário, sempre teve muito apoio. Também nunca precisou ter uma conversa aberta sobre esse assunto, porque eles sempre souberam aceitá-la sem questionar.

Geanne é formada em Letras e começou a dar aulas assim que se formou, época em que, apesar de se sentir muito feminina, ainda se vestia como qualquer outro rapaz de sua idade. Sua transformação só aconteceu quando ela se apaixonou por um *gogo boy* que chamou sua atenção para quanto ela era feminina, e disse que seria melhor se ela se tornasse uma trans. Então, Geanne pensou a respeito, resolveu mudar e gostou do resultado. Foi se transformando aos poucos, para que ela não se chocasse e os outros também não. Mas afirma que sua transformação não se deu por amor, mesmo porque o rapaz não chegou a ver o resultado. Suas palavras só serviram como "empurrão" em direção àquilo que já era latente em sua personalidade.

Há três anos namorando o *web designer* Leandro, do qual se considera "noiva", está feliz no amor e divide com ele uma casa e a tarefa de criar três gatos persas e três cachorrinhos *lhasa apso*. Leandro também se diz muito feliz em seu relacionamento com Geanne, apesar de não assumir certos "riscos" que implicam o preconceito, como apresentá-la em seu emprego ou à sua família, que é muito conservadora quanto a esse aspecto. "Algumas pessoas sabem, já houve comentários, mas eu me fecho e guardo segredo só para mim", desabafa Leandro, que acompanhou carinhosamente a namorada até São Paulo para nossa conversa.

Que o preconceito existe, todo mundo sabe, mas quando perguntei sobre a reação das pessoas em seu ambiente de trabalho a respeito de sua transformação, Geanne foi categórica; disse que, como trabalha para o Estado, nunca teve problemas quanto a isso. E que o serviço público está mais interessado no seu desempenho como profissional do que em sua sexualidade. Que a cobrança existe por parte das pessoas, mas como o Estado não proíbe, ninguém pode impedi-la de se vestir como gosta, ou de ser como é. Mas ela garante que toma sempre certos cuidados, como nunca ir trabalhar de vestido. Ela usa muito *jeans*, e quando põe uma blusa decotada, coloca um avental por cima, está sempre com uma maquiagem discreta, mas não dispensa os brincos e pulseiras, que, aliás, ela adora!

> *Para qualquer professora, a relação com os alunos já é uma coisa complicada, então eu evito colocar vestido para não aguçar ainda mais a curiosidade deles. Procuro ser o mais discreta possível, e mostrar o meu trabalho; foi assim que eu adquiri a confiança dos alunos e de seus pais. O preconceito vem por parte dos professores e diretores de outras escolas. Acho que devido à informação, os alunos estão mais abertos para a diferença que os adultos.*

Geanne dá aula para alunos com idade entre 6 e 60 anos, e os cursos vão da primeira série até o terceiro ano do ensino médio. Também leciona na Educação de Jovens e Adultos (EJA).

Para ela não tem a menor importância se os alunos vão chamá-la de ele ou de ela, o importante é que eles a tratem com educação e respeito. A real inquietação de Geanne é com a imagem que as trans em geral têm na sociedade.

O que a incomoda é ver que na mídia só mostram prostitutas e artistas da noite, ou, quando muito, cabeleireiras, maquiadoras; enfim, essas profissões estereotipadas que a sociedade imagina comporem o universo trans. E aproveita para ressaltar que isso também se deve ao fato de as trans bem-sucedidas em outras áreas profissionais não quererem aparecer na mídia. Afirma que isso é puro preconceito internalizado e que, se elas não tomarem uma atitude positiva a esse respeito, o preconceito continuará. Também diz que é muito bem resolvida, que se aceita e se assume plenamente como trans e acredita que é por isso mesmo que a maioria das pessoas também a aceita sem problema. E que apesar de se sentir uma mulher, para ela tanto faz se a chamam de transexual ou travesti, porque não se incomoda com "rótulos".

Geanne diz que já pensou em se operar, fez um tratamento de dois anos com psicólogos, mas desistiu quando percebeu os grandes riscos que envolvem a operação de mudança de sexo. Muitos casos dão certo, enquanto outros se tornam uma grande tragédia.

Ela quer entrar para a militância, pretende se engajar na luta pelos direitos das pessoas trans. Acredita que o movimento está precisando mostrar um outro lado, que precisa de lideranças que atuem em áreas fora da prostituição. "Temos de lutar pelos nossos direitos com dignidade, educação, e mostrar para as pessoas que nem tudo é sexo e que as coisas podem ser diferentes", afirma a professora.

Ao fim de nosso encontro, Geanne me deixou com a impressão de que as coisas estão realmente mudando, e que o provérbio chinês "Querer é poder" nunca esteve tão certo!

Preconceito

DIreITO à DIFerença (manIFesTO)

Por causa do preconceito, muitas pessoas transgêneros são atiradas à última margem da sociedade. Tudo começa em casa. Na adolescência, os parentes as jogam na rua, podando-as do amor e do convívio familiar, tão necessários para a formação de uma pessoa. Nas escolas, as instituições não estão preparadas para lidar com a diferença e, muitas vezes, as expulsam. Perturbadas e sem direção, a maioria das transgêneros cai facilmente na prostituição, sendo vítima de gigolôs, de cafetinas e da violência policial.

Ninguém nasce para se prostituir, mas a urgência e a falta de perspectiva não deixam alternativas. Não escolhemos nossa diferença, apenas nos resignamos e vivemos uma vida dupla, ou morremos por causa dela. Temos dados de muitos suicídios causados por essa diferença.

Eu mesma já tentei tirar a vida por achar que eu era a única "culpada" de ser como sou.

Estudiosos europeus já descobriram que o cérebro de uma trans é igual ao de uma mulher, mas essa notícia não foi divulgada em grande escala. Será que existe uma necessidade de nos anular? A pergunta fica no ar...

Queremos acesso aos estudos e ao trabalho, sem ter de esconder nossa verdadeira identidade de gênero ou ter que arriscar a pele e a vida, a cada noite, nas avenidas, de madrugada.

Queremos o direito de ser e de existir.

Espero que num futuro próximo, mas bem próximo, possamos conviver com todas as diferenças. Pois, como a própria natureza mostra: sem as diferenças não haveria vida.

véia é a vó

★

Quando eu era adolescente, uma das primeiras coisas que percebi foi o desprezo dos *gays* por todos aqueles que já passaram dos 30 anos. Lembro-me de como fiquei abismada ao ouvir em uma conversa que, com 23 anos, o *gay* já era considerado "titia". Isso já faz muito tempo e de lá para cá esse conceito nada mudou.

A busca da eterna juventude não é motivo de angustia só dos *gays*, especialmente nos dias de hoje, em que imagem é tudo. Porém, o desprezo que a maioria tem pela velhice é típico e às vezes chega a ser cruel. Já cheguei a presenciar em uma boate uma cena em que um jovem *gay*, diante de um *gay* idoso que tinha certa dificuldade para subir uma escada, ria sem parar como se estivesse diante de um palhaço, ou como se ele, o jovem, fosse imune ao tempo. Pobre rapaz equivocado que deve ter se esquecido de que do tempo ninguém escapa. Ninguém. Talvez seja o medo da própria velhice que faça certas pessoas desprezarem e até zombarem dos idosos.

Nós, GLBT, sofremos na pele o preconceito sexual; portanto, temos argumentos de sobra para entender e "domar" outros tipos de preconceito como esse, o da velhice. Devemos respeitar os mais velhos porque só temos a aprender com eles. Foram eles que fizeram nossa história até aqui.

Vamos parar com essa idéia de que quem já passou dos 40 é peça de museu.

Véia é a vó!

Travestis *versus* Transexuais

★

O preconceito da sociedade contra nossa orientação afetiva e sexual é um fato. Os movimentos organizados tentam de todas as formas educar, sensibilizar e informar sobre nossa diferença, vislumbrando um futuro com menos preconceito. Porém, o preconceito mais difícil de derrubar é a homofobia internalizada. Aquele preconceito que a maioria de *gays* e lésbicas tem contra si mesmos por não compreenderem a própria diferença. E, por conseqüência, não compreendem outras diferenças e extravasam seu rancor contra outras minorias. Entre as pessoas transgêneros esse modelo se reproduz.

Roberta Close disse que havia se operado para não ser mais uma aberração. Para ela, como para a maioria das transexuais, ter um pênis e um par de seios é algo repugnante. Já as travestis não rejeitam o seu genital e acham essa combinação perfeita. Tanto uma quanto outra são exemplos subjetivos de identidade de gênero. Tudo se passa na "cabeça" da pessoa. Embora sendo iguais fisicamente, o que as diferencia é a intensidade da identificação com o sexo oposto. Isso, porém, não é motivo para serem inimigas.

Recebi certa vez um *e-mail* de uma transexual que não queria ser confundida com travestis. Para ela, essa rivalidade era tanta que comparava transexuais e travestis com as torcidas do Palmeiras e do Corinthians. Sinceramente, para alguém que estava preocupada em defender sua feminilidade, a comparação me pareceu, no mínimo, *sui generis*! Mais uma vez vou repetir: "Não podemos mudar o mundo à nossa volta se antes não mudarmos a nós mesmos!" Pense nisso.

DIFERENTE, EU?

Trans ou não: o preço de viver fora dos padrões

Meu amigo Duílio Ferronato escreve a coluna GLS do jornal *Folha de S.Paulo*. Ele me contou que, quando fala sobre travestis, recebe *e-mails* de *gays* dizendo que ali não é lugar para isso, que travesti não é *gay*. Esse é o tipo de pensamento que só limita nossa compreensão a respeito das coisas, e, por conseqüência, a respeito de nós mesmos. Qualquer tipo de preconceito emburrece! Recebi um *e-mail* que me deixou muito feliz e que traduz perfeitamente o que digo:

> *Escrevo para agradecer a qualidade de sua coluna, pois ela é uma das melhores coisas que a G me proporciona.*
> *Meu nome é Felipe, tenho 29 anos, sou professor de arte e tenho um relacionamento estável de seis anos com o Bruno. Quero comentar seu artigo da edição de dezembro. Lá, você fala sobre a liberdade e ao mesmo tempo a solidão daqueles que decidem viver de acordo com a sua real natureza. Embora não tenha uma identificação direta, sua coluna tem me ajudado a abandonar concepções errôneas a respeito dos transgêneros. Mas com esse texto foi diferente. Eu me vi nele como se fosse um pequeno espelho. Partilho com você da grande solidão de quem opta por si mesmo, em detrimento dos outros. Eu não sou um gay padrão. Ser verdadeiro comigo mesmo não tem a ver propriamente com assumir-se e ser gay, mas, sim, com como ser gay. Você deve saber como nosso mundo é "cruel" no que diz respeito às aparências. Não é suficiente ser gay, é preciso ser musculoso, gastar tubos com roupas e drogas, passar fins de semana em boates e ter uma imagem de sucesso gay. Tudo isso para não ser desprezado pelos seus semelhantes. A questão é que não somos todos iguais. Nos afirmamos perante a sociedade justamente articulando o discurso de nossa diferença e do valor que ela tem em si mesma. Sendo assim, por que os homossexuais se policiam tanto em nome de um padrão universalizante, e, quando isso não ocorre, se hostilizam mutuamente?*
> *Sou barrigudo, pouco me interesso por roupas de grife, e quase tudo que tenho eu gasto com livros, cinema e gibis. Fiz das tripas coração para*

me tornar esse "gay perfeito", mas fui terrivelmente infeliz porque estava tentando ser o que nunca fui! Com o tempo, acabei entendendo que só seria feliz de fato se agisse de acordo com minha verdadeira natureza, que, se é gay, é também o avesso do gay padrão. Isso me causou o prejuízo que você menciona no seu artigo: uma imensa solidão. Meus poucos amigos gays foram se desinteressando de mim, na mesma medida em que eu assumia para mim mesmo o tipo de pessoa que sou. Minha verdade espiritual foi minha morte social. Só que a liberdade e a satisfação espiritual de ser quem eu sou têm compensado a solidão. Não vou dizer que nunca doeu ter feito a escolha que fiz. Mas, ao mesmo tempo, todo esse processo significou um amadurecimento e um autoconhecimento que nunca havia experimentado em minha vida.

Bom, era isso que eu queria compartilhar com você. Muito obrigado por ter me proporcionado essa auto-reflexão. Só por isso já valeu a tentativa!

Então, pessoal! Isso acontece quando não nos fechamos para o diferente. Ele sempre tem algo a nos ensinar e mostra que, na realidade, não somos tão diferentes assim.

Agradeço ao Felipe pelo carinho e pela coerência em seu depoimento.

Mensagens subliminares do preconceito

★

"As mensagens subliminares são usadas quase sempre para fins publicitários na tentativa de passar uma informação ou idéia para um grupo de pessoas de uma maneira abaixo do nível do consciente" (extraído do *site* www.mensagens-subliminares.kit.net).

Tenho notado uma crescente representação dos *gays* em novelas, nos mais variados canais de televisão. Parece que virou moda ter um casal *gay* nas novelas brasileiras.

Noto, também, que o homossexual tem sido retratado com mais seriedade e menos estereótipos. Porém, existem perguntas que não querem calar. A realidade da maioria dos *gays* brasileiros é a do moço branco bem-sucedido, de classe média alta, sem afetações e sempre bem casado, como temos visto nas novelas? E se for o objetivo, seria essa a forma mais correta de combater o preconceito? Fico pensando se a televisão está realmente a nosso favor ou apenas está tentando nos controlar. Será que os senhores poderosos da mídia, que tanto nos escracharam e nos ignoraram, de repente, se tornaram nossos simpatizantes? Se prestarmos atenção nas mensagens subliminares contidas nas representações e apresentações dos *gays* na televisão, vamos perceber que não.

Exemplo: novela das nove, um casal gay está na cama pronto para dormir. Cada parceiro de um lado da cama, sem se abraçar ou beijar, deseja boa-noite ao outro e a luz é apagada. Corte direto para uma cena igual, só que com um casal hétero. Eles trocam juras de amor, agarrando-se e beijando-se numa cena explicitamente erótica. Qual a mensagem subliminar que o espectador recebe? Que o amor hétero é saudável e digno de se ver; já o amor *gay* só pode ser imaginado e no escuro.

Outro exemplo: jornal das oito, o repórter anuncia o campeonato mundial de futebol *gay* e comenta que entre os adversários *gays* não há violência como entre os héteros, e que cada gol é festejado com muito afeto. No vídeo vemos dois jogadores felizes que se beijam na boca. Corte direto para o rosto do repórter que olha com cara de nojo e passa para a próxima notícia. Qual a mensagem subliminar que o telespectador recebe? Que o jornal não apóia esse tipo de comportamento.

No final da novela *Páginas da vida* (Rede Globo, 2006-2007) foi feita uma campanha em que aparecem vários atores falando sobre o preconceito que seus respectivos personagens tiveram ou sofreram durante a trama. Mas apenas o personagem *gay* (doutor Rubens) não foi representado pelo ator que o interpretou (Fernando Eiras), e, em seu lugar, colocaram um desconhecido. Qual a mensagem subliminar que o telespectador recebe? Que o ator pode representar um *gay*, mas não pode ser *gay*, tampouco ser confundido com um.

Mais um exemplo: vocês já repararam que os *gays* assumidos e com espaço na nossa mídia quase sempre têm uma aura de perigosos, fofoqueiros ou ácidos. Qual a mensagem subliminar intrínseca? Que o *gay* pode até ter seu espaço na televisão brasileira, mas desde que cause certa rejeição.

Mas o pior contra nós são os programas de polêmica sobre homossexualidade, em que os diretores abrem espaço para homofóbicos exporem sua intolerância. Qual a mensagem subliminar que esses programas querem passar? Que tanto faz a imagem de bom moço bem-sucedido da novela como a da bicha perigosa destilando seu rancor, porque enquanto existir polêmica, o *gay* não será considerado uma pessoa normal.

Até o próximo programa, gente!

orkuTeIros

Acredito que o Orkut também seja um espaço para avaliarmos como anda o preconceito contra os GLBT.

Ali existem comunidades de todos os tipos imagináveis; e, por mais bizarras que algumas delas possam parecer, sempre encontram ressonância.

Pessoalmente, já deparei até com mães que sentem prazer em seduzir os filhos. Isso nos mostra quanto pode ser "eclético e elástico" o comportamento humano.

A variedade de comunidades relacionadas aos GLBT também é extensa e abrange desde lésbicas exibicionistas até adoradores de pés de travestis. Até aí é só sexo. Mas quando deparamos com comunidades *gays* do tipo "Não sou e odeio efeminados", que conta com quase três mil participantes, a coisa fica estranha.

Que você não goste desse tipo de comportamento é compreensível, mas criar uma comunidade que faz apologia a esse tipo de preconceito, ou participar dela, é no mínimo uó!

Só a homofobia internalizada leva uma pessoa a fazer isso.

Não me canso de dizer que, enquanto não mudarmos nosso mundo interior, não mudaremos o espaço à nossa volta. E, como *gays*, lésbicas e trans, temos obrigação de promover essa mudança. Seja aqui, ali, no ciberespaço do Orkut, ou em qualquer lugar; preconceito não!

Claudia Wonder

O estigma da chacota

★

Assistindo ao filme *Carandiru*, de Hector Babenco, podemos perceber o lado humano dos bandidos, que em princípio são pessoas como a gente, e que todo mundo é igual em seus anseios básicos. Mas também não posso deixar de expressar aqui a minha frustração, causada pela representação dos personagens transgêneros no filme.

Minha frustração não é de agora, estende-se ao longo de minha carreira, em que vi desfilarem muitos personagens "trans", em filmes, peças teatrais e novelas. Mas com raríssimas exceções eu vi um transgênero em ação, são sempre atores que estão em cena. Isso me faz lembrar os tempos da UFA, em que pintavam os atores com tinta preta quando havia personagens de cor negra no roteiro. Talvez um dia as pessoas percebam que ser trans não é apenas uma fantasia, um disfarce, mas sim um gênero humano, digno de visibilidade.

Em *Carandiru* o que mais me incomodou foi o fato de a platéia rir a cada aparição de Lady Di, mesmo nas cenas mais dramáticas, provando que, apesar do ótimo trabalho do ator Rodrigo Santoro, ele não tem o *physique de role* da personagem. Falta-lhe o suspense que causa a aparição de uma trans, sem contar a discrepância física entre ele e seu par romântico. É sem chance! Babenco "humanizou" ladrões e assassinos, mas não redimiu os transgêneros do "estigma da chacota". No mais, eu me sinto honrada e feliz por ter trabalhado com esse excelente diretor, e participado desse filme que é um fenômeno do cinema nacional.

TODO MUNDO ACHA QUE EU SOU PUTA!

★

Por que será que a maioria das pessoas pensa que toda trans se prostitui?

Quem já leu as matérias que publiquei na G sobre trans bem-sucedidas como profissionais nas mais variadas áreas deve ter mudado esse conceito simplista e ter deixado de associar a figura da trans apenas com a prostituição.

Infelizmente, porém, para as pessoas que não têm acesso a esse tipo de informação, todas as trans transformam seu corpo em razão do sexo, seja por vício, seja por dinheiro.

Mesmo que eu tente, ao longo de minha carreira, mostrar que trabalho duro, e não no "duro", sempre deparo com propostas do tipo "Quanto você cobra?", "Onde você atende?"

Muitas vezes estou em festas, boates. Ou até mesmo depois de me apresentar em meus *shows*, e aparece algum bofe desavisado querendo pagar para me levar para a cama.

Assim como todo mundo, gosto de receber cantadas, mas quando estas, logo de cara, me qualificam como uma mercadoria é patético! Principalmente quando eu também fico a fim do cara; corta o "barato"!

Já aconteceu também de eu estar conversando com um conhecido e sua mulher chegar e pedir discretamente para eu não atacar seu marido! Para essas pessoas eu estou sempre predisposta a transar, aceito qualquer um e, por um pouco de sexo, não respeito ninguém. É de doer!

Nos anos 1980, durante três anos, fui vocalista da banda de *rock* Jardim das Delícias, formada por quatro músicos, todos héteros. Apesar de trabalharmos durante esse tempo juntos e eu nunca ter "cantado" nenhum deles, um dia fiquei sabendo que os moços acreditavam que nas horas vagas eu também "fazia" esquina. Infelizmente, assim como eles, muita gente pensa da mesma forma.

Acredito que isso se deva ao fato de que, no Brasil, a parte mais visível do segmento trans esteja na rua se prostituindo. E, quando do aparecem na mídia, envolvidas em escândalos e se mostrando de maneira depravada, isso também contribui decisivamente para a formação da imagem que a sociedade tem de nós.

Claro que a mídia ajuda a nos marginalizar como profissionais e a nos associar à vida fácil, porque justamente faz questão de mostrar apenas esse lado da moeda. Por várias vezes fiquei sabendo que pessoas e grupos organizados interessados em mudar essa imagem negativa sugeriram à imprensa matérias sobre trans que trabalham fora da prostituição. Pessoas que, apesar do preconceito, venceram em áreas como a medicina, a engenharia ou a pedagogia. A resposta, porém, foi sempre a mesma: "No momento não estamos interessados!" Talvez o interesse "deles" seja o de perpetuar o preconceito por meio da baixaria que gera polêmica!

Gostaria de deixar bem claro que não tenho nada contra a prostituição quando ela é feita por opção. O que não é o caso da maioria das travestis, que se prostitui e exerce o *métier* pela falta de acesso ao mercado de trabalho. Mas esse é outro assunto.

De qualquer forma, eu não desejo essa profissão a ninguém por causa do mundo cão que ela encerra, da decadência que ela representa e dos efeitos psicológicos devastadores que ela causa a quem se submete ao seu jugo. Mas como na vida cada um de nós faz o melhor que pode e não o melhor que sabe fazer, não julgo ninguém! Assim como não quero ser julgada, ou que se aproximem de mim com a intenção de me comprar!

ATÉ QUANDO?

★

Dados da Agência Pulsar mostram que, em 2007, o serviço telefônico Disque Denúncia Homossexual recebeu 45 notificações de assassinatos de *gays*, lésbicas e transexuais no estado do Rio de Janeiro, o que representou o maior número de denúncias recebidas desde 1999, quando o serviço foi lançado.

Na época foram dez notificações de morte e 188 denúncias de agressões. Em 2004, os números já haviam crescido para 35 mortes e 324 denúncias. Já em 2006, foram feitas 506 denúncias que não terminaram em morte.

Ainda segundo os dados da Agência Pulsar, os homens *gays* são as maiores vítimas, mas deve-se levar em conta que, proporcionalmente, são assassinados mais travestis e transexuais.

Perto do final do ano, no dia 29 de dezembro de 2007, dois travestis foram assassinados a tiros, no bairro de Jacarepaguá, no Rio. Os dois foram mortos em diferentes locais do bairro, em um intervalo aproximado de trinta minutos. Na ocasião, a polícia informou que o caso estava sob investigação, mas que a homofobia poderia ser a causa dos crimes.

Encontrei esses dados no *site* de busca Google, entre mais de vinte publicações da grande mídia e agências de notícias a esse respeito. Mas para meu espanto, hoje já é dia 7 de janeiro de 2008 e não encontrei sequer uma linha em *sites* ou jornais direcionados ao público GLBT falando sobre o caso.

A notícia sobre o covarde assassinato dos dois travestis no Rio de Janeiro foi assunto até no *Jornal Nacional* da Rede Globo, mas não mereceu nenhuma citação nos veículos da "imprensa rosa". A pergunta que não quer calar é: até quando a violência contra travestis vai ser ignorada ou posta de lado pelo segmento GLBT, e até quando as organizações específicas de trans no Brasil vão se preocupar mais em mudar o nome no RG do que em lutar por educação e trabalho, visando ter menos travestis nas ruas sendo vítimas de crimes de homofobia?

Como diz a pesquisa citada antes, "em números absolutos, os homens *gays* são as maiores vítimas. Mas, proporcionalmente, são assassinados mais travestis e transexuais". Isso se deve à vulnerabilidade dos travestis pelo simples fato da sua visibilidade. São alvos de crimes de homofobia porque são pessoas fáceis de identificar onde quer que estejam.

Não é preciso estar na rua se prostituindo para que um travesti seja molestado, injuriado ou agredido. Eu sei do que estou falando, porque, apesar de morar num bairro considerado dos mais seguros do país, às vezes ouço coisas que me dão vontade de voltar para casa e não sair mais de lá.

Quando não tenho trabalho à noite, gosto de acordar cedo e tomar meu café-da-manhã no bar ao lado de casa, onde leio o jornal. Dia desses, estava tranqüila tomando meu café quando um homem, acompanhado de um rapaz, entrou no bar, ficou me olhando e comentou com o copeiro em alto e bom som: "Tinha é que matar toda essa gente".

O copeiro me conhece e ficou sem saber o que dizer ou onde "enfiar" a cara. O cara estava a fim de confusão, mas eu não; então, me resignei a calar e fazer de conta que não era comigo. Mas também não tive mais apetite e voltei triste para casa, me perguntando por que eu, que estava quieta num canto, tinha de ser molestada por um desconhecido àquela hora da manhã. Por que o simples fato de ser quem eu sou suscita tanto ódio?

E os travestis do Rio que não foram ameaçados mas morreram de surpresa, baleados na esquina onde tentavam ganhar o pão daquele dia, mereciam essa barbárie? Se depender da importância dada ao assunto tanto pela imprensa quanto pelas lideranças do movimento GLBT, parece que sim! Será que o movimento GLBT como um todo, quando pensa na homofobia, ainda não aprendeu a máxima que diz que todo mal deve ser cortado pela raiz? Quando matam um travesti na esquina da maneira como aconteceu no dia 29 de dezembro de 2007, não é o travesti em questão que estão matando, mas sim a todos nós que fazemos parte da tal diversidade sexual tão aclamada por aí! Então, por que ignorar de tal forma esse crime?

Pois se na testa de cada *gay*, lésbica ou bissexual desse país estivesse tatuada sua orientação sexual, com certeza a estatística desse tipo de crime chegaria à estratosfera. Os travestis que fazem rua são assassinados em maior número porque estão lá expostos, e por isso são presas fáceis para a hegemonia homofóbica. E como até hoje nada foi feito para mudar esse quadro, matar travestis virou coisa banal, sem importância, quase um esporte, tanto que a imprensa GLBT, mais habituada com esse tipo de notícia, nem se pronunciou sobre a barbárie.

Sei que muitos vão dizer: "Ah! Mas existem muitos travestis marginais que aprontam e acabam sendo mortos!" Eu posso responder que sim, mas se eles tivessem tido a oportunidade de outro destino, talvez não estivessem na rua roubando, se drogando e morrendo.

Sei que não é fácil tirar os travestis das ruas. Porque além da força de vontade em querer mudar de quem se encontra nessa situação (o que requer muita conscientização), é preciso que as lideranças criem e apresentem políticas públicas, parcerias e tudo mais que se faz necessário quando o assunto é de ordem social. Mas, afinal, não é para isso que elas estão aí?

A cada ano temos um avanço na visibilidade dos GLBT, seja na mídia, seja nas paradas, seja nas artes, enfim. Mas em compensação, como mostra a pesquisa citada, a cada ano vem aumentando os crimes de ódio contra os GLBT. Então, ouso constatar que visibilidade sem conscientização, para os homofóbicos, se torna provocação.

Não adianta só mostrar o casal *gay* bem-sucedido na novela, ou lotar a avenida Paulista com dois milhões de pessoas. É preciso muito mais que isso. Temos que mostrar a diversidade, lutar por ela como um todo e compreendê-la como ela é, sem restrições ou idealismos.

Lanço aqui meu apelo a entidades, organizações e políticos envolvidos com a causa GLBT para que, no ano que se inicia, voltem seus olhos para os travestis que estão nas ruas, de forma a criar chances e oportunidades para uma mudança de vida com dignidade.

As travestis de rua também devem perceber o inferno da vulnerabilidade em que se encontram, tomar uma atitude de coragem e mudar, conscientizando-se e tentando novos caminhos. Mas para isso elas precisam de ajuda não só do movimento de trans, como do movimento GLBT como um todo. Afinal, em uma família, quando um irmão está perdido, os outros devem ajudar. Enquanto travestis estiverem nas ruas por falta de opção e sendo alvo certo de crimes de homofobia, nenhum de nós GLB ou T terá dignidade plena nesse país.

Esse é um problema social e de todos nós. Portanto, chega de tentar esconder o pé do pavão!

uma visão do travestismo na cultura GLBT

★

Existe uma cultura *gay*? O que poderíamos chamar de cultura GLBT? Essas foram as perguntas que me fiz quando sentei diante do computador para escrever este texto. E eu acredito que posso responder que sim à primeira delas.

Quando comecei a conhecer o universo *gay*, no centro da cidade, mais precisamente na Praça da República – a maior referência como reduto de homossexuais da época –, fiz meus primeiros contatos com *gays* e travestis daquele tempo. Figuras como Lola, Micheli *Miss* Universo, Nana Voguel, *Miss* Biá e Dinamarca ensinaram-me os primeiros passos da vida *gay*.

As boates *gays* ainda não existiam, havia apenas bares como o Barroquinho, na Galeria Metrópole. E os ícones eram os travestis que se apresentavam nos teatros e nas boates héteros da boca do luxo.

Naquela época, todos fazíamos parte de um só grupo, não havia diferença entre *gay* e travesti. As lésbicas, entretanto, se mantinham à parte, as víamos muito pouco, quase não se mostravam.

Não é por menos que atualmente me cause espanto a segmentação da cena: hoje as travestis são marginalizadas por muitos *gays*, mas naquele tempo elas eram os maiores ícones da comunidade. Rogéria, Valéria, Lorena e outras apareciam constantemente em capas de revistas e na televisão como atores transformistas.

Silvio Santos, por exemplo, realizava todos os anos, durante o carnaval, um concurso que elegia o mais belo transformista, em que fazia questão de chamá-los pelo nome de homem, causando assim espanto e risadas na platéia. Mas era o que tínhamos naquele momento e, creio, era muito melhor do que o que vemos na mídia hoje em dia. Porque éramos mostrados apenas como uma forma de arte e beleza. Aliás, os concursos de beleza como o Miss Brasil Gay sempre fizeram parte do nosso universo. Toda bicha novinha que "caía no mundo" queria se vestir de mulher e participar do concurso. Era uma espécie de ritual de passagem.

Claudia Wonder

Estou falando da minha geração, adolescentes dos anos 1970, época em que as boates começaram a aparecer e a se firmar em São Paulo, como a Nostro Mondo, a Medieval e a Val Improviso... Depois vieram a Homo Sapiens e muitas outras. E os *shows* de travestis sempre fizeram parte da vida noturna *gay*. Em todas as boates havia *shows* e muitos eram grandiosos e dignos de um teatro *off-Broadway*.

Um exemplo? O *Dzi croquetes*, espetáculo de contracultura que fez a cabeça dos brasileiros em meados dos anos 1970. Um *show* para teatro com atores-dançarinos excelentes e com texto e coreografia apuradíssimos. Fazendo um tipo de humor diversificado que trazia a androginia como ponto de partida.

Depois vieram *As gigolletes*, também um *show* para teatro, só que trazendo os travestis mais talentosos do eixo São Paulo–Rio de Janeiro. No mais tradicional estilo do teatro de revista e com muito humor e *glamour*, *As gigolletes* lotaram o teatro durante um ano e ficaram na história. Vieram outros como *O que é que a boneca tem*, *Boys meet boys* e *A gaiola das loucas*.

Foi também nessa época que *gays* e travestis começaram a sair do gueto e se manifestar com roupas e atitudes próprias do universo *gay* diante do público hétero. Era época de *Dancing days*. Nas discotecas, os *gays* começavam a gozar de certa liberdade de expressão. Apenas na atitude, porque beijo de homem com homem nem pensar: eram colocados para fora na hora. Mas podiam vestir-se de Mulher Maravilha quanto quisessem.

Os anos 1980 chegaram, e com eles um pouco mais de liberdade. Era a virada política, com a abertura e a contracultura fazendo a diferença. Uma boate em especial marcou essa época de forma radical: a Madame Satã, em São Paulo.

Aquele lugar foi a primeira casa noturna onde os *gays* puderam se beijar em meio aos héteros sem ser molestados. Aliás, ali tudo era permitido, e isso foi o estopim para que acontecesse a mudança de comportamento da sociedade a respeito da diversidade sexual. Foi a época das mudanças, em que a mídia abriu espaço para que esse assunto fosse discutido. Mais uma vez o travestismo estava na vanguarda, com Roberta Close e Thelma Lipp impressionando a todos com sua beleza, e eu, Claudia Wonder, ocupando as páginas culturais dos jornais com críticas elogiosas sobre o *show O vômito do mito*.

Vale a pena lembrar essas coisas porque, até então, os jornais só produziam matérias com homossexuais quando estavam envolvidos em algum crime.

A partir dos anos 1980, as coisas começaram a mudar, e, no final dessa década até meados da década seguinte, as *drag queens* reinaram absolutas em todos os tipos de mídia.

Depois vieram o festival de cinema e vídeo Mix Brasil, as Paradas do Orgulho, a revista *G Magazine*, e todas essas manifestações maravilhosas que temos celebrando nossa cultura. O próprio *G Online* é um exemplo do que digo.

Nossa cultura são, sim, os bares e boates, os lugares de pegação, as saunas, os *dark rooms* etc. Mas acredito piamente que, acima de qualquer coisa, é o travestismo que representa como um todo essa cultura. Porque ele encarna a diversidade sexual por si só. Você não concorda comigo?

Claudia Wonder

Mais amor e menos homofobia internalizada

★

A maior parada *gay* do mundo, a de São Paulo, já realizou a sua 11ª edição (junho de 2007), e eu ainda faço a mesma pergunta que fazia quando participei da primeira parada, há mais de dez anos: Por que os diferentes não se "suportam" entre si?

Há pouco tempo, li uma notícia na *net* sobre Johnny Vera, uma jovem transexual americana que ganhou o concurso de rainha do baile de formatura de sua escola, o que me provocou efeitos contraditórios simultâneos: fiquei muito feliz e ao mesmo tempo bastante triste.

Fiquei feliz por se tratar de um fato que nunca havia acontecido nos Estados Unidos e, acredito, em nenhum outro lugar no mundo. E triste por causa dos comentários postados pelos leitores/internautas que acabaram ofuscando em parte o feito de Vera em prol de uma discussão que, diante do fato, não tinha relevância.

Antes de mais nada, é necessário dizer que nessa espécie de concurso são os próprios alunos que votam para eleger a garota mais bonita e popular da escola e que, de alguma forma, represente os valores da sociedade americana. Johnny Vera foi eleita porque, além de bonita, é queridíssima por todos os colegas. Os depoimentos do diretor, da psicóloga da escola, das irmãs de Vera e até das outras candidatas ao título foram unânimes ao fazer inúmeros elogios à estudante transexual. E, por incrível que pareça, não houve nenhuma reclamação: nem mesmo os pais dos outros alunos se manifestaram negativamente.

Ao ser coroada, como toda *miss* que se preze, Vera fez citações de praxe como: "Você tem de dizer: eu sou quem eu sou e estou orgulhosa disso. Meu espírito nunca ficará na sarjeta!" E citou sua mãe como exemplo de mulher: "Ela era uma mulher que gostava muito de se arrumar, era sorridente e brincalhona como eu. Quando meu pai chegava em casa tudo estava arrumado, ela estava linda e a comida pronta". E finalizou dizendo: "Acredite em você e nos seus sonhos que tudo vai se realizar, mesmo que você seja diferente!"

No meu ponto de vista, as citações foram bastante pertinentes para uma jovem diferente como ela, que conseguiu quebrar um tabu tão significativo como esse. Mas foram justamente suas declarações o alvo da crítica de muitos leitores. A maioria das mensagens postadas abordou que esse tipo de citação só legitima os valores superficiais de perfeição feminina, que sua fala reproduz exatamente o conteúdo que faz vender milhões de livros de auto-ajuda pelo mundo e que seu jeito de referir-se a sua mãe está impregnado de conceitos rígidos do que devem ser os papéis sexuais. Também disseram que Vera só foi tão bem aceita porque, na realidade, não foi "o diferente" que subiu ao palco, mas sim "um igual disfarçado de diferente".

Fico me perguntando o que essas pessoas diriam sobre Jenny Bailey, transexual inglesa que há pouco assumiu a prefeitura da cidade universitária de Cambridge?

Notei também um grande preconceito no conteúdo das mensagens, a começar pelo tratamento que alguns deram a Vera, o de um rapaz transexual, quando o correto seria uma moça transexual. O respeito à identidade de gênero, além de incentivar a tolerância, é básico para o bom entendimento das diferenças.

Acredito que todos nós, diferentes, procuramos conquistar a igualdade de direitos. Só que, muitas vezes, inconscientemente, reproduzimos o discurso do opressor nessa procura. Por exemplo: quando certos *gays* criticam os efeminados, na realidade eles estão reproduzindo a norma heterossexista de que "homem que é homem fala grosso e não desmunheca!" Não é verdade?

E, se fosse um de nós que estivesse no lugar de Vera, teríamos dito algo sobre nossa mãe muito diferente daquilo que ela falou?

O que notei nas mensagens é que o preconceito entre os GLBT ainda é muito forte e talvez seja até mais difícil amenizá-lo em comparação ao preconceito dos héteros. Falo da homofobia internalizada, algo que só conseguimos arrancar de nosso inconsciente com muita força de vontade e ajuda.

Claro que entendo que, se quisermos ser compreendidos como diferentes, não devemos nos moldar segundo os nossos opressores. Mas isso não pode ser imposto, e sim conquistado. Cada coisa tem seu tempo e eu não acredito na conquista por afrontamento, mas pela conscientização e sensibilização.

Faço questão de finalizar dando os meus parabéns a Johnny Vera pelo título e pelo exemplo, que mostram que o diferente não é tão diferente assim e, por isso mesmo, é digno de nosso amor e amizade. E concordo com Vera quando ela diz que acreditar em nossos sonhos é fundamental para a sua realização. Buda nos ensina isso!

A antropofagia das tribos

★

Renata é travesti e foi a uma boate *gay*. Foi barrada na entrada e, quando quis saber o motivo, responderam apenas: "Ordens da direção".

Ana é lésbica e foi com sua namorada à inauguração de um bar supermoderno, freqüentado por pessoas, digamos, "antenadas". Mas quando ela e sua namorada se beijaram em um repente de afeto, foram repreendidas pela direção da casa. Advertiram-nas de que aquele lugar não era lugar para "aquilo". Encontrem o erro...

Janderson tem 40 anos, é um homem bonito, culto e adora sair para dançar, mas ultimamente ele tem perdido um pouco o gosto por sair para as baladas. Anda se sentindo um pouco marginalizado pelos mais jovens que, muitas vezes, não só o desprezam como também o maltratam, chamando-o de "tia" ou "maricona". Aos 40 anos, Janderson é muito velho, pode?

Paulinho é *gay* assumido. Ótima pessoa, superdivertido, só que, como dizem, é muito "pintosa". Ou seja, Paulinho é muito efeminado. Não tem sucesso com os *gays* e não consegue namorado. Já tentou até nos classificados de um jornal, mas, como constatou, os primeiros a ser descartados são os afeminados. *Gay* tem de ser macho!

Um famoso restaurante de São Paulo foi citado em um guia turístico no roteiro GLS. Desde sua abertura, sua freqüência predominante foi de *gays*, lésbicas ou simpatizantes, mas o proprietário exigiu que retirassem o nome do estabelecimento do roteiro, pois aquele era um lugar da moda e não um local GLS. Detalhe, o dono também é *gay*...

Esses, meus amigos, são apenas alguns exemplos de situações cotidianas em nosso mundinho; o *gay* que não gosta do travesti, que por sua vez não o tolera também. A bichinha pintosa de quem ninguém gosta e a lésbica que não gosta de se misturar com travestis; além dos modernos que não assumem ser GLS ou isso ou aquilo, e por aí afora.

Assim, vamos nos comendo uns aos outros numa verdadeira ciranda de preconceitos. Será que os discriminados têm necessidade de extravasar seu rancor contra outras minorias? Ou, contrariando o poeta, será que o homem não é essencialmente bom, e que se criou um deus de amor para que não nos devorássemos literalmente uns aos outros? Não quero posar de dona da verdade ou mensageira pós-apocalíptica da Era de Aquário. Mas, cá entre nós, amigos, acho que está na hora de acordarmos para uma nova idéia: a de que o preconceito nos limita; nós temos que aprender com a diferença. Acho que estamos apenas reproduzindo o modelo social que tanto nos oprime e nos exclui.

Éramos muitos na avenida Paulista, em São Paulo, na última vez que comemoramos o nosso orgulho. Muitos mesmo, e todos diferentes. Portanto, vamos começar a pensar que formamos uma força, uma força única, e que somos iguais em nossa diferença. *Gays*, travestis, lésbicas, pintosas..., enfim, vamos parar com essa Nova Guiné modernista. Vamos acabar com a antropofagia das tribos.

Religião

nós e a bíblia

★

Todos nós, GLBT, sabemos que nossos maiores inimigos são os religiosos. Apoiados em parábolas da Bíblia, eles nos condenam e nos marginalizam, fazendo da nossa vida um verdadeiro "inferno". Porém, se estudarmos o livro sagrado com paciência e atenção, encontraremos lá mesmo os argumentos necessários para nos defender daqueles que se julgam os "donos da verdade". Esse é um estudo profundo, e já se tornou trabalho de pós-doutorado de muita gente bacana pelo mundo.

Para acompanhar este artigo seria legal você ter ao lado uma Bíblia. Para minha consulta, usei a traduzida por João Ferreira de Almeida, que, segundo alguns teólogos, é a mais usada pelos protestantes e a mais fiel à original (confira o *site* www.biblias.com.br).

A primeira passagem que encontramos na Bíblia contra os homossexuais está no Velho Testamento, em Levítico 20,13: "Quando também um homem se deitar com outro, como mulher, ambos fizeram abominação; certamente morrerão; seu sangue será sobre eles". Já em Levítico 15,19;24, podemos ler: "Mas se a mulher tiver fluxo e seu fluxo de sangue estiver na sua carne, estará sete dias na sua separação e qualquer um que a tocar será imundo até a tarde. E se, com efeito, qualquer homem se deitar com ela e sua imundícia estiver sobre ele, imundo será por sete dias; também toda cama sobre que se deitar". Como a Bíblia é machista, não é verdade? Ainda no livro de Levítico podemos encontrar outras "pérolas" da intolerância, como em 25,44, onde se especificam as condições que permitem a escravidão humana; ou absurdos, como em 11,10-11, onde se diz que comer crustáceos é pecado e abominação.

Já em Levítico 21,17-21, demonstra-se um verdadeiro horror às diferenças: "Pois nenhum homem em quem houver deformidade se chegará, como homem cego, ou coxo, ou de nariz chato, ou de membros demasiadamente compridos". O livro diz que quem tem problemas desse tipo não deve se aproximar do altar para se casar! Por que os padres e pastores não levam essas parábolas ao pé da letra, como fazem quando o assunto é homossexualidade?

Ainda mais sabendo que existem passagens da Bíblia que exaltam o amor entre homens, como em Samuel I 18,1-4:

> *E sucedeu que, acabando ele de falar com Saul, a alma de Jônatas se ligou à alma de David; e Jônatas o amou como sua própria alma. E Saul naquele dia o tomou e não lhe permitiu que voltasse para casa de seu pai. E Jônatas e David fizeram aliança; porque Jônatas o amava como a sua própria alma. E Jônatas se despojou da capa que trazia sobre si e deu a David, como também as suas vestes, até sua espada e o seu arco e o seu cinto.*

Isso aconteceu logo depois de David vencer Golias. Ele tinha menos de 15 anos, ruivinho dos olhos verdes, e estava todo sujo de terra. Hum... aí tem!

Em Samuel I 20,41: "E, indo-se o moço, levantou David do lado do sul, e lançou-se sobre o seu rosto em terra e inclinou-se três vezes; e beijaram-se um ao outro, e choraram juntos, mas David chorou mais". Em Samuel II 1,25-26: "Angustiado estou por ti, meu irmão Jônatas; quão amabilíssimo me eras! Mais maravilhoso me era o teu amor do que o amor das mulheres". Babado forte, né, gente? Um

Religião

verdadeiro *Romeu e Julieta*! Não se esqueçam de que o mesmo David depois se tornou o rei David, adorado por três religiões: judaísmo, islamismo e catolicismo.

Essas foram citações encontradas nos livros de Samuel e do Levítico que apóiam o amor entre iguais.

Já em Eclesiastes 4,9-12, apóia-se o sexo também!

Melhor é serem dois (homens) do que um, porque tem melhor paga do seu trabalho. Porque se um cair, o outro levanta o seu companheiro; mais ai do que estiver só; pois, caindo, não haverá outro que o levante. Também, se dois dormirem juntos, eles se aquentarão, mas um só, como se aquentará? E, se alguém se prevalecer contra um, os dois lhe resistirão e o cordão de três dobras não se quebra tão depressa.

Devemos lembrar que nessa época o exército grego encorajava o alistamento de casais homossexuais. A idéia era que, além de lutar em defesa do país, eles defenderiam seu par, tornando o exército ainda mais forte.

No Novo Testamento, em Mateus 19,3-12, o próprio Cristo diz que nem todo homem deve se casar. Lá Jesus cita os eunucos como exemplo. Mas se compararmos essa menção com a história real, que conta que qualquer garoto efeminado daquela época era considerado eunuco e, por isso, castrado, podemos estender as palavras de Cristo para os homossexuais também. Esse tipo de ritual bárbaro do preconceito acontece ainda hoje em países como a Índia.

Mas quem os religiosos mais usam para nos atacar é Paulo. Em I Coríntios 6,9, ele diz: "Não sabeis que os injustos não hão de herdar o reino de Deus? Não erreis: nem os devassos, nem os idólatras, nem os adúlteros, nem os efeminados, nem os sodomitas".

Pobre de mim, que ainda criança já desmunhecava. Para Paulo, eu, com 8 aninhos, já estava condenada ao fogo do inferno só por ser efeminado! Sodomitas são homens que fazem sexo anal. Mas afinal, para Paulo, nem os casais héteros deviam "fornicar"; apenas para a procriação, e olhe lá! Em I Coríntios 7,1, ele pregava a virgindade eterna: "Ora, quanto às coisas que me escrevestes, bom seria que o homem não tocasse em mulher". Se levarmos seus ensinamentos ao pé da letra, a raça humana seria extinta! E cá entre nós, Paulo devotava um amor extremo aos adolescentes que ele recrutava, como no caso de Timóteo e Tito. Segundo ele mesmo, seu amor pelos meninos era comparável com o de David por Jônatas. E quando ele fala de homens que se deitam com homens, escreve em grego e usa as palavras *malakoi*, que eram travestis que se prostituíam nos templos gregos em forma de ritual religioso, e *arsenokoitai*, que eram os michês da época. Portanto, ele não se refere ao amor entre iguais! Paulo queria afastar os novos cristãos dos rituais religiosos da Grécia para aproximá-los do cristianismo.

Bom, independentemente da religião que escolhemos seguir, acredito que o que importa mesmo é Deus, e não os dogmas que nos são impostos; pois, como vemos na história, tudo é relativo a uma época e seus interesses políticos.

Como Cristo mesmo disse, a verdadeira Igreja está no coração de cada um de nós!

Religião

cruzes!

Crença religiosa, adesão a Deus e seus desígnios são referências para a palavra "fé". Existem outras no sentido jurídico, mas vou me ater ao espiritual.

    Minha religiosidade é bem brasileira. Fui batizada na Igreja Católica, e cedo, pelos braços de minha mãe, fui levada para tomar passes em sessões espíritas de mesa branca. Já com meu pai assistia a cultos protestantes da Igreja Universal do Reino de Deus. Sincretismo perde!

    Vez ou outra, peregrinava à cidade de Aparecida. Ainda guardo uma foto em frente à igreja, segurando uma vela do meu tamanho, decerto pagando alguma promessa que minha mãe havia feito. Criança, eu não entendia o que era fé; mas, como adorava andar de trem e fazer piquenique, ia de bom grado.

    Cresci e perdi a fé nas instituições religiosas quando percebi sua hipocrisia e o que representam no que diz respeito à discriminação aos GLBT. Mas não perdi a fé em Deus.

    O papa e os evangélicos podem ser contra nós, mas aquela luz que foi plantada muito cedo em nosso espírito está sempre brilhando, e, mesmo que queiramos, não conseguimos apagá-la. Por mais que vários fatores me levem ao ceticismo, em momentos extremos lembro-me de minha mãe dizendo: "Tenha fé, meu filho!" É conflitante acreditar no santo e desprezar o padre? Não. É só separar o joio do trigo e canalizar sua fé com coerência. Aliás, recebi pela internet esse trecho de entrevista do espírito André Luiz psicografada por Chico Xavier em 1964, o qual ilustra bem o que quero dizer.

    O texto, que fala sobre sexualidade, foi publicado no *Anuário Espírita*, e achei pertinente mostrá-lo a vocês, leitores.

    Como explicar os homossexuais?
    Devemos considerar que o espírito se reencarna em regime de inversão sexual, assim como pode nascer em condição de cegueira. Isso não quer dizer que homossexuais ou os intersexos estejam nessa posição endereçados ao

escândalo e à viciação. Assim como os cegos, eles não se encontram na inibição para serem delinqüentes. Compete-nos entender que cada personalidade humana permanece em determinada experiência e merece o respeito geral de todos na provação em que estagia. Importando notar, ainda, que o conceito de normalidade é relativo. Lembre-se de que, se a cegueira fosse a condição da maioria dos espíritos reencarnados, o homem que pudesse enxergar seria positivamente considerado minoria e exceção!

Não importa qual a nossa religião, vale a pena refletir sobre isso, não acha?

Religião

Transexuais do Islã

★

Quem diria?... A República Islâmica do Irã, que até pouco tempo condenava travestis e transexuais junto com *gays* e lésbicas a punições que iam de chicotadas até a pena de morte, agora não só permite que as trans vivam livremente como paga a operação de mudança de sexo.

Sim! Deu no *The Independent*, de Londres. E tudo graças à luta incansável de Maryam Khatoon Molkara, uma transexual de 54 anos, natural de Teerã.

Maryam, que em português quer dizer Maria, trabalhou nos anos 1980 como enfermeira voluntária na guerra que o Irã travou contra o Iraque. Quando fazia curativos nos feridos, era tamanha sua gentileza (e dedicação) que os soldados não só reconheciam sua feminilidade como se perguntavam que pessoa era aquela. Sua bondade a fazia mais do que mulher.

Seu trabalho médico chamou a atenção de figuras importantes no governo, quando um dos pacientes, que tinha conexões com o poder, conseguiu que ela se encontrasse com altos funcionários para entrevistas.

Em 1987, Maryam foi levada ao aiatolá Khomeini e, em meia hora de conversa, teve a autorização para a mudança de sexo. No mesmo dia lhe foi dado o xador preto, símbolo da feminilidade revolucionária iraniana.

Para uma transexual em um país onde as mulheres quase não têm direitos, o xador foi mais do que uma conquista. Foi um verdadeiro privilégio. Como Maryam é muito religiosa, foi procurar o aiatolá para orientar-se sobre a mudança de sexo. Khomeini fez então um *istikhara* – ritual religioso em que o clérigo deixa cair o Alcorão no chão para interpretar o problema em questão de acordo com a página em que o livro sagrado se abre.

Para Maryam, a página foi a dos versos que contam a história de Maria, mãe de Jesus.

A coincidência do nome levou o aiatolá a entender que Maryam era mulher e deveria seguir os ritos islâmicos como tal. E que isso também significava que sua vida seria como a de Maria, uma vida de luta. Foi o que Maryam fez: continuou lutando em prol dos direitos das transexuais e a profecia se concretizou.

Hoje o Irã reconhece a transexualidade e Maryam fundou junto com o governo uma organização de ajuda para pessoas em crise de identidade sexual: a Fundação Imã Khomeini, que também financia a operação para mudança de sexo.

Inch'Allah para as trans do Saara!

Causa e efeito

★

Provérbio zen-budista: "Ultrapasse a necessidade de corresponder à sociedade no que diz respeito a crenças, comportamento ou conveniências. Não só você corre o risco de perder sua identidade como pode frear seu desenvolvimento pessoal".

★ **Pensamentos e emoções: o universo a favor ou contra nós mesmos**

Um dos assuntos mais comentados em 2007 foi, sem dúvida, o livro *O segredo* – que virou documentário –, da australiana Rhonda Byrne (www.conhecaosegredo.com.br).

Baseado na física quântica, o estudo pretende, pela lei da atração, fazer despertar o potencial inato em cada um de nós para criar e realizar tudo que pretendermos na vida.

Segundo a autora, nossos pensamentos geram emoções que, por conseqüência, geram ações a favor de nós ou contra. Se você estiver sentindo alegria, o universo vai conspirar para que você tenha mais alegria, e o mesmo serve para tristeza, raiva etc.

O que *O segredo* nos explica é que o universo não lê nossos pensamentos, mas nossas emoções. Portanto, não adianta ter pensamentos positivos se não forem acompanhados de emoções positivas. Isso traduz a fé, basta você fazer uma análise e perceber que os desejos que de fato se realizaram na sua vida foram exatamente os quais você tinha absoluta certeza de que se realizariam.

Acredito nisso porque comigo sempre foi assim, as coisas que eu realmente julguei serem justas para mim aconteceram. Mas o difícil é ter essa certeza sempre que desejamos alguma coisa. Isso porque estamos sempre julgando os nossos atos e o mundo ao nosso redor, sem contar outros fatores que nos levam a não acreditar em nós mesmos.

A física quântica não é a única lei que rege o universo, existem outras leis importantes, como a lei da causa e efeito. Há muito tempo que leio sobre a filosofia zen e ela fala exatamente isso: toda ação gera uma reação. Se você deseja o mal a uma pessoa, você terá o mal na mesma intensidade com que o desejou. Isso não quer dizer que você terá em troco o mesmo tipo de desgraça que desejou ao outro, mas ela virá numa circunstância adaptada à sua vida para que você sinta a dor do mal que desejou.

Sem perder o foco, ninguém pode negar que estamos vivendo, em 2007, um momento peculiar no que diz respeito à violência, não só no Brasil, como no mundo. A começar pela natureza, que tem nos castigado com ciclones, enchentes, calor demais, frio demais, sem falar em outras coisas. Nesse caso, pelo menos nós temos consciência de que, assim como as guerras, essas mudanças climáticas foram provocadas pela mão do homem. Mas eu pergunto: e a violência urbana que torna cada jornal que lemos um *show* de horrores? Por que será que uma pobre velhinha é espancada, uma família destroçada, um grupo de adolescentes dizimado ou acidentes horríveis ceifam inúmeras vidas de uma só vez?

Voltando à lei da causa e efeito, o que será que essas vítimas ou seus próximos tinham em seu coração e em sua mente antes de a tragédia acontecer? Desde criança ouço pessoas de boa família dizerem que preferem ter um filho ladrão ou assassino a ter um filho *gay*. Também sabemos que jovens de classe média agridem covardemente travestis e prostitutas por pura diversão. Não quero dizer que se trate apenas disso, mas se realmente levarmos em consideração a física quântica e suas leis, cada gesto ou pensamento homofóbico que as vítimas de acidentes ou da violência urbana tiveram poderia ter contribuído para que a tragédia acontecesse em sua vida, não é verdade?

Como acredito que sim, acho que esse é um "segredo" que deve ser espalhado!

Religião

Entre Deus e o Diabo, um Bisturi

Hermafrodito é o

> *filho de Mercúrio (Hermes) com Vênus (Afrodite). Foi educado pelas ninfas, nas florestas do monte Ida, na Frígia. Aos 15 anos, começou a correr o mundo e chegou à Caria. Às margens de um lago, foi visto pela ninfa Salmácida, que se apaixonou por ele, tentando em vão seduzi-lo. Quando Hermafrodito se lançou na água para banhar-se, a ninfa abraçou-o, suplicando aos deuses que jamais os separassem. Atendendo à prece de Salmácida, os imortais uniram ambos num mesmo ser, de natureza dupla, masculina e feminina. Por sua vez, Hermafrodito pediu às divindades que todos os que se banhassem naquele lago perdessem a virilidade.*

Hermafrodita ou intersexo é a pessoa que nasce com o sexo biológico não definido ou com as características de ambos os sexos. Nesse caso, os médicos amputam uma das características, sem se importar com o futuro dessa criança, que poderá ser desolador. Já houve um caso em que costuraram a vagina de uma garotinha que tinha o clitóris avantajado para que crescesse como menino. Só que, aos 13 anos, ela quase morreu de hemorragia interna na ocasião de sua primeira menstruação.

Eu nasci intersexo, mas com dois meses de idade meu pênis apareceu e desenvolveu-se normalmente, como com qualquer menino.

Se meus pais tivessem acatado a intenção dos médicos, que era de amputar meus testículos para que eu crescesse como menina, hoje eu seria um eunuco, ou seja, um castrado. Esse procedimento médico não é uma operação de mudança de sexo, é uma castração pura e simples. E isso é muito mais comum do que imaginamos.

Na Grécia Antiga, os intersexos eram reverenciados ou mortos, enquanto os romanos, ao contrário dos gregos, não eram ambivalentes e matavam a todos. Nos dias de hoje, como vocês puderam perceber aqui, a crueldade não é muito diferente.

A sociedade ocidental denomina o gênero de uma pessoa com base em seu sexo biológico; e como em nossa cultura só existem dois gêneros, homem e mulher, não existe lugar para a androginia. Porém, outras culturas, como a das ilhas de Sulawesi, no sul da Indonésia, desafiam essa noção de que os seres humanos se dividem em dois gêneros e de que é a anatomia que determina cada um desses dois sexos.

Como explica Maria Ignez Teixeira França, em sua matéria "Os travestis sagrados de Sulawesi" para a revista *Planeta*, nessa cultura há quatro gêneros: os *oroane*, que são homens masculinos; as *makunmi*, ou mulheres femininas; as *calalai*, mulheres masculinas; e os *calabai*, homens femininos. Além desses, ainda existe um quinto "paragênero", ou identidade: os *bissu*, sacerdotes com características masculinas e femininas. Todos vivem em harmonia e cada um exerce seu papel na sociedade, que não impõe nenhum tipo de segregação ou distinção.

Voltando ao Ocidente, segundo pesquisa da bióloga americana Joan Roughgarden, a cada quinhentas crianças que nascem, uma é intersexo. Porém, logo após o nascimento, os médicos decidem o futuro sexual dessa criança na ponta de um bisturi. E nem sempre com a permissão dos pais.

No livro *Evolução do gênero e da sexualidade* (Planta, 2004), Roughgarden explica que a androginia, a transexualidade e a homossexualidade existem na espécie humana da mesma forma que em milhares de outras espécies na natureza.

Cada cor no arco-íris da diversidade tem sua função dentro do ecossistema, em prol da concepção e da criação dos indivíduos, visando sempre à preservação de cada espécie. Por exemplo, entre os animais, nem sempre é o macho mais forte que define o acasalamento. Em muitas espécies são os homossexuais que protegem a fêmea dos demais indivíduos do grupo e escolhem o "alfa" para a procriação.

Como eu disse antes, em muitas culturas, homens efeminados e mulheres masculinas têm seu papel social definido. Em tais culturas, que sabiamente vivem de acordo com a natureza, ter um corpo com "dois espíritos" não é deformidade nem motivo de vergonha. Pelo contrário: é sinal de refinamento espiritual.

Religião

Em razão da dualidade sexual, esses povos acreditam que as pessoas trans e intersexos têm uma visão mais abrangente das coisas, e, muitas vezes, são vistas como um elo entre Deus e os homens. Talvez seja por isso que as religiões dominantes, como o cristianismo e o islamismo, demonizaram as pessoas trans, que outrora eram sagradas e acabaram dando lugar a outros santos. Isso tudo com a ajuda de cientistas como Darwin, que camuflou o arco-íris da diversidade inventando a "seleção natural", e da medicina, que promove a polarização dos gêneros em homem e mulher apenas, excluindo da espécie humana o seu terceiro gênero num simples corte de bisturi.

EUNUCOS DE ONTEM E DE HOJE

★

O que levaria alguém a mutilar seu órgão genital?

Conheço algumas trans que, em nome da identidade feminina, mutilaram seu sexo masculino com as próprias mãos, de uma maneira que causa arrepios!

A castração masculina é um procedimento muito antigo na história da humanidade. Na Bíblia Sagrada, o próprio Cristo, em Mateus 19,12, cita os eunucos dizendo: "Porque há eunucos que assim nasceram do ventre da mãe; e há eunucos que foram castrados pelos homens; e há eunucos que castraram a si mesmos por causa do reino dos céus. Quem pode receber isso, receba-o".

Ouso interpretar essa passagem bíblica da seguinte maneira: a primeira castração, que vem do ventre da mãe, diz respeito aos intersexos, que são meninos que nascem com o sexo indefinido ou atrofiado. Quando Cristo se refere à castração feita pelos homens, isso com certeza tem a ver com algum elemento cultural da época, como o que ocorria na Cidade Imperial da China, onde somente os homens castrados podiam circular livremente e viver entre o luxo e a beleza. Eram guardiões dos palácios, cozinheiros, cabeleireiros, maquiadores e artistas que serviam ao imperador e seu harém de concubinas. No final do Império, a Cidade Proibida contava com mais de dois mil eunucos.

E, quando Cristo fala daqueles que se castraram a si mesmos por causa do reino dos céus, acredito que se refira aos adoradores da Deusa Mãe, que, segundo Camille Paglia, em seu livro *Personas sexuais* (Companhia das Letras, 1992), se castravam em homenagem à grande deusa romana. E quando afirma: "Quem pode receber isso, receba-o!", acredito que Cristo quis dizer que ser um eunuco é uma condição ou missão que nem todos podem receber. Como nesse versículo Cristo se refere aos homens inaptos para o casamento, também imagino que possa ser uma metáfora para a homossexualidade, que, do ponto de vista da procriação, é uma forma de castração.

Religião

Metáforas à parte, a verdade é que na Índia os eunucos continuam existindo e a castração ainda é admitida nos dias de hoje. Na terra de Gandhi, o preconceito contra os efeminados é forte, e como usualmente eles são expulsos de casa, a maioria vai morar em templos para eunucos. No templo, o que os espera é a castração como forma de pertencimento ao grupo.

Vi uma reportagem a respeito na televisão suíça e garanto a vocês que fiquei horrorizada! Numa cerimônia, diante de um altar, o jovem se posiciona nu com os braços erguidos, rezando em voz alta. O "guru" se coloca à sua frente, agarra seus testículos e seu pênis com uma das mãos e, com a outra, empunha uma navalha. Um assistente se posiciona atrás do rapaz. Em dado momento, o golpe é desferido, único e certeiro, amputando os genitais do jovem, que desmaia nos braços do assistente. Muitos morrem algum tempo depois por infecção. Os que sobrevivem se tornam aptos para abençoar recém-nascidos e é disso que sobrevivem. Nesse caso a castração serve para adaptar a pessoa "trans" ao âmbito social por meio do religioso. No mesmo documentário havia um rapaz, castrado aos 8 anos de idade, que se descobriu heterossexual quando adulto, mas aí já era tarde.

Para o povo indiano, assim como para a maioria das pessoas, a ambigüidade é uma aberração, e, em nome desse preconceito, os efeminados são levados a se mutilar mesmo quando ainda são crianças. Espero que um dia esse tipo de barbaridade não mais aconteça, e ninguém precise se castrar, nem física nem moralmente, para ser aceito em uma sociedade, ou se adaptar a ela. E que então os eunucos sejam apenas uma citação bíblica de uma época bem distante.

------------------------------ dobre aqui ------------------------------

CARTA-RESPOSTA
NÃO É NECESSÁRIO SELAR

O SELO SERÁ PAGO POR

AC AVENIDA DUQUE DE CAXIAS
01214-999 São Paulo/SP

------------------------------ dobre aqui ------------------------------

OLHARES DE CLAUDIA WONDER

CADASTRO PARA MALA-DIRETA

Recorte ou reproduza esta ficha de cadastro, envie completamente preenchida por correio ou fax, e receba informações atualizadas sobre nossos livros.

Nome: _____ Empresa: _____
Endereço: ☐ Res. ☐ Coml. _____ Bairro: _____
CEP: _____ - _____ Cidade: _____ Estado: _____ Tel.: ( ) _____
Fax: ( ) _____ E-mail: _____ Data de nascimento: _____
Profissão: _____ Professor? ☐ Sim ☐ Não Disciplina: _____

1. Você compra livros:
☐ Livrarias ☐ Feiras
☐ Telefone ☐ Correios
☐ Internet ☐ Outros. Especificar: _____

2. Onde você comprou este livro? _____

3. Você busca informações para adquirir livros:
☐ Jornais ☐ Amigos
☐ Revistas ☐ Internet
☐ Professores ☐ Outros. Especificar: _____

4. Áreas de interesse:
☐ Astrologia ☐ Literatura, Ficção, Ensaios
☐ Atualidades, Política, Direitos Humanos ☐ Literatura erótica
☐ Auto-ajuda ☐ Psicologia
☐ Biografia, Depoimentos, Vivências ☐ Religião, Espiritualidade,
☐ Comportamento ☐ Filosofia
☐ Educação ☐ Saúde

5. Nestas áreas, alguma sugestão para novos títulos? _____

6. Gostaria de receber o catálogo da editora? ☐ Sim ☐ Não

Indique um amigo que gostaria de receber a nossa mala-direta

Nome: _____ Empresa: _____
Endereço: ☐ Res. ☐ Coml. _____ Bairro: _____
CEP: _____ - _____ Cidade: _____ Estado: _____ Tel.: ( ) _____
Fax: ( ) _____ E-mail: _____ Data de nascimento: _____
Profissão: _____ Professor? ☐ Sim ☐ Não Disciplina: _____

Edições GLS
Rua Itapicuru, 613 7º andar 05006-000 São Paulo - SP Brasil Tel. (11) 3862-3530 Fax (11) 3872-7476
Internet: http://www.edgls.com.br   e-mail: gls@edgls.com.br